Frieder Middelhauve

**WordPerfect
Schritt für Schritt**

Frieder Middelhauve

Word Perfect
Schritt für Schritt

**Für alle Versionen bis einschließlich
Word Perfect 4.2**

Friedr. Vieweg & Sohn   Braunschweig / Wiesbaden

Das in diesem Buch enthaltene Programm-Material ist mit keiner Verpflichtung oder Garantie irgendeiner Art verbunden. Der Autor und der Verlag übernehmen infolgedessen keine Verantwortung und werden keine daraus folgende oder sonstige Haftung übernehmen, die auf irgendeine Art aus der Benutzung dieses Programm-Materials oder Teilen davon entsteht.

Der Verlag Vieweg ist ein Unternehmen der Verlagsgruppe Bertelsmann.

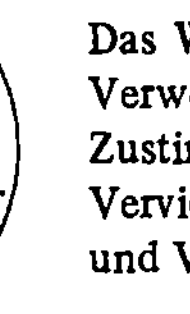

ISBN 978-3-528-04643-9   ISBN 978-3-322-91098-1 (eBook)
DOI 10.1007/978-3-322-91098-1

VORWORT ZU WORDPERFECT

Die Geschichte des Erfolges von WordPerfect und der Mannschaft, die das Programm entwickelte und später auf den Markt brachte, erinnert an ein modernes Märchen: Alles begann im Sommer 1977, als Alan C. Ashton, Professor für Informatik an der Brigham Young University, den Entwurf für ein Textverarbeitungsprogramm zu Papier brachte, das sich grundlegend vom Programm des damaligen Marktführers für Textsoftware, Wang, unterschied. Bereits die ersten Skizzen Ashtons schlossen so innovative Möglichkeiten wie einen formatierten Text ein, der später so, wie man ihn auf dem Bildschirm sah, auch ausgedruckt werden konnte.

Zur gleichen Zeit arbeitete Bruce W. Bastian, heute Vorstandsvorsitzender der WordPerfect Corporation, an einem Projekt für seine Diplomarbeit in Informatik. Um die Bewegungen einer marschierenden Kapelle in einem Stadion in dreidimensionaler Grafik zeigen zu können, koppelte er drei Computer zusammen. Die Realisierung seiner Arbeit, vor allem aber deren Programmierung, war so elegant, daß Professor Ashton auf den jungen Mann aufmerksam wurde. Damals begann eine fruchtbare Partnerschaft, die bis heute anhält. Anfang 1979 beschloß man bei der Entwicklung eines neuartigen Textverarbeitungsprogramms zusammenzuarbeiten und schrieb die erste Version von WordPerfect, die auf den Minicomputern von Data General lauffähig war. Computer waren damals für Privatpersonen noch unerschwinglich. Ashton und Bastian teilten sich Computerzeit mit der örtlichen Verwaltungsbehörde - ein Umstand, der sich auszahlte. Die beiden Wissenschaftler befanden sich in unmittelbarem Kontakt mit einem ihrer zukünftigen Kunden.

Im März 1980 wurde der Entschluß gefaßt, das gerade fertiggestellte Produkt auf den Markt zu bringen. Überflüssig zu betonen, daß die junge Firma zu diesem Zeitpunkt kaum über die Mittel verfügte, durch Anzeigenaktionen auf sich aufmerksam zu machen. Doch Flüsterpropaganda tat das ihre. Die enge Verbindung mit den ersten Klienten - als solche betrachteten die Gründer von WordPerfect ihre Kunden - bewirkte, daß Vorschläge und Anregungen aus Anwenderkreisen schnell in immer wieder verbesserte Versionen des Programms "eingebaut" wurden. Diesen engen Kontakt zum Kreis ihrer Kunden verlor die Firma auch während des stürmischen Wachstums der vergangenen sechs Jahre nicht. Der Umsatz stieg allein zwischen 1982 und 1986 in einer steilen Kurve von gut einer Million Dollar jährlich auf mehr als 50 Millionen.

Die mit dieser geschäftlichen Entwicklung gleichzeitig notwendig werdenden Investitionen in Gebäude, Einrichtungen und Personal wurden aus dem erwirtschafteten Gewinn der Firma finanziert. Die Folge ist, daß die WordPerfect Corporation auch heute noch ein von Banken und Großkonzernen unabhängiges Unternehmen ist, das sich auf dem Weltmarkt allein wegen seines überragenden Produkts durchsetzen kann.

In den USA dominiert WordPerfect mittlerweile den Markt professioneller Textsoftware. Man schätzt den Marktanteil der Firma auf ca. 60%. Die Schreibsäle der Weltfirmen – denen bekanntlich das Beste gerade gut genug ist – hat WordPerfect längst erobert. In der Bundesrepublik beabsichtigte die WordPerfect Corporation, diesen Siegeszug zu wiederholen. Doch erst die Gründung einer Tochtergesellschaft im Jahre 1987 schuf die Voraussetzungen, dieses ehrgeizige Vorhaben verwirklichen zu können. Für Kenner stellt sich nicht die Frage, ob dieses der WordPer-fect Corporation gelingen könnte, sondern lediglich, wann es wohl so weit sein wird.

Das von Professor Alan C. Ashton und Bruce W. Bastian konzipierte und von einem hochtalentierten Mitarbeiterstab immer weiter verbesserte Programm setzte in vielerlei Hinsicht Maßstäbe – und tut es immer noch.

EINLEITUNG

WordPerfect wird mit einem umfangreichen und ausführlichen Handbuch ausgeliefert, so daß sich die Frage stellt, was wird eigentlich mit einem weiteren Buch über WordPerfect bezweckt?

Die Textverarbeitungsprogramme, die seit Ende der siebziger Jahre entwickelt wurden und allmählich Schreibtische und Sekretariate eroberten, haben eines gemeinsam: eine Vielfalt an Funktionen, die - zumindest beim Kennenlernen des Programms - unübersehbar scheinen. Beim Blättern im Handbuch fällt auf, daß die Verfasser in ihrem Streben, jede nur mögliche Funktion des Programms darzustellen, zu weit gegangen sind. Wichtiges und Unwichtiges steht nebeneinander. Oft gebrauchte Funktionen sind von weniger oft benötigten nicht abgehoben. Hier soll zunächst einmal die Spreu vom Weizen getrennt werden.

All jenen, die noch immer nicht vom Segen eines Textverarbeitungsprogramms überzeugt sind - und das ist nach wie vor die Mehrzahl der Journalisten, Autoren, Sektretärinnen, Angehörige freier Berufe - sollen in leicht verständlicher Form die Vorteile von einem Personal Computer in Verbindung mit einer leistungsfähigen Textsoftware, wie WordPerfect es ist, kennenlernen.

Meiner Meinung nach - und ich glaube, daß ich auch im Namen all derer sprechen darf, die ein Textverarbeitungsprogramm benutzen - sind die Zeiten der guten, alten Schreibmaschine ein für allemal vorbei. Der Umstieg von einer elektronischen Typenradschreibmaschine auf ein Textsystem (Personal Computer/ Bildschirm / Drucker / Textprogramm) ist ebenso einschneidend, wie der Umstieg von einer mechanischen auf eine elektronische Schreibmaschine. - Ja, sogar noch einschneidender, denn der Komfort, den ein modernes Textverarbeitungssystem bietet, ist erst voll erfaßbar, wenn man eine Zeitlang damit gearbeitet hat.

Textverarbeitung hat gegenüber dem Schreiben auf einer Schreibmaschine den Vorteil, daß man Texte beliebiger Länge aufzeichnen, verändern und im Handumdrehen ausdrucken kann. Legt man Wert auf sauber gestaltete Schriftstücke, dann kann man getrost auf "Tipp Ex", Radiergummi und ersten Entwurf verzichten. Die Texteingabe erfolgt bei WordPerfect fließend, das heißt, man braucht am Zeilenende nicht umschalten. Das Wort, das nicht mehr in die Zeile paßt, wird automatisch in die nächste Zeile übernommen. Tippfehler können direkt auf dem Bildschirm korrigiert werden. Ist das Seitenende erreicht, schaltet das Programm mit dem automatischen Seitenumbruch auf die nächste Seite weiter. Es ist also nicht nötig, das Schreiben zu unterbrechen, um ein neues Blatt einzuspannen.

Jedes Zeichen, jedes Wort, jede Zeile - bis hin zum kompletten Schriftstück - kann gespeichert, verändert und immer wieder abgerufen werden. Die Vorteile dieser Möglichkeiten für den Schreibenden liegen auf der Hand: Die Arbeit wird dadurch erleichtert, daß nur der einzelne Fehler verbessert und nicht etwa die gesamte Manuskriptseite neu geschrieben werden muß. Das Manuskript ist fehlerlos - und das mit geringstmöglichem Aufwand. Für jemanden, der in Ausübung seines Berufs viel schreiben muß, egal ob Sekretärin, Autor, Journalist oder Wissenschaftler, führt die Verwendung eines Textverarbeitungsprogramms zwangsläufig zu einer Veränderung des Arbeitsstils. Vorbei sind die Zeiten, in denen man jeden Gedanken säuberlich notierte, um ihn später ins Manuskript einfließen zu lassen. Man kann jetzt "drauflosschreiben", da der Text, wenn er auf dem Bildschirm sichtbar ist, beliebig verändert werden kann. Auch das Löschen einzelner Buchstaben, Wörter und Abschnitte ist problemlos möglich. Kapitel eines Buches können in ihrer Reihenfolge vertauscht werden. Jede Textänderung kann selbstständig - neben der ursprünglichen Fassung- auf der Diskette oder der Festplatte gespeichert werden.

Bei der Länge der zu speichernden Texte tun sich manche Programme schwer - nicht so WordPerfect. Die Größe der Textdatei - gewissermaßen ein Ordner, in dem der Text abgelegt wird - ist nur abhängig vom Massenspeicher. Es empfiehlt sich jedoch, die Texte wegen einer größeren Schnelligkeit bei der Verarbeitung in mehrere kleinere Dateien aufzuteilen.

Natürlich gehört zu einem ausgefeilten Textprogramm wie WordPerfect, daß Sie Ihren Text in Spalten aufteilen können, Ihnen Rechenfunktionen zur Verfügung stehen, und es möglich ist, daß der Text korrekturgelesen werden kann. WordPerfect hält hierzu ein deutsches Korrekturprogramm mit ca. 100.000 Eintragungen bereit. Sämtliche gespeicherten Dateien können nach bestimmten Begriffen und Worten abgesucht werden - von vorn nach hinten und umgekehrt.

Das Ausdrucken Ihrer Texte besorgen Drucker der verschiedensten Bauart. Typenrad-, Matrix- und Laserdrucker sind derzeit die am häufigsten verwendeten. Das Zusammenspiel zwischen Personal Computer und Textprogramm einerseits und dem Drucker andererseits, war in der Vergangenheit oft Grund zum Unmut. Es gab Anpassungsschwierigkeiten, die aber heute mit den von WordPerfect angebotenen Druckertreibern weitgehend behoben sein dürften. Bei der Auswahl "Ihres" Druckers sind Sie nur noch von den Ansprüchen, die Sie an die Druckqualität stellen, abhängig. WordPerfect unterstützt die meisten Drucker, und sollte ein Drucker nicht im Verzeichnis des Programms angeführt sein, läßt er sich anpassen.

"WORD PERFECT SCHRITT FÜR SCHRITT" ist besonders deshalb für den Neuling im Bereich der Textverarbeitung geeignet, weil das Buch keinerlei Vorkenntnisse voraussetzt. In einzelnen Schritten wird der Benutzer von WordPerfect mit dem Programm vertraut gemacht - wobei die Schritte voneinander unabhängig sind, so daß das Buch nicht in chronologischer Reihenfolge durchgearbeitet werden muß.

Eine Begleitdiskette, die Sie beim Verlag bestellen können, enthält nicht nur die Textbeispiele - was Ihnen das "Abtippen" erspart - sondern auch die im letzten Drittel des Buches aufgelistete, kommentierte Befehlsübersicht. Mit dieser als Textdatei organisierten Befehlsübersicht, die Sie gegebenenfalls auch auf Ihre Festplatte speichern können, steht Ihnen jederzeit ein verläßlicher Helfer zur Verfügung.

INHALTSVERZEICHNIS

WORD PERFECT STARTEN

Zunächst einige Anmerkungen zu den Grundvoraussetzungen: Vom WordPerfect-Programm gibt es verschiedene Versionen. Die zur Zeit der Drucklegung aktuellste Ausführung ist die Version 4.2, die gegenüber der Version 4.1 einige Neuerungen verzeichnet, die vor allem dem Komfort dienen. Die Daten der Programmversion 4.1 können aber ohne weiteres in die Version 4.2 übernommen werden.

Um mit WordPerfect reibungslos arbeiten zu können, benötigen Sie einen IBM-PC XT, AT oder einen der hierzu kompatiblen Computer. Erkundigen Sie sich in Zweifelsfällen vor dem Kauf bei Ihrem Händler, ob Schwierigkeiten zu erwarten sind. Weiterhin benötigen Sie ein Betriebssystem - PC-DOS 2.0, bzw. MS-DOS 2.0 oder höher.

Der Computer sollte mit zwei Diskettenlaufwerken ausgerüstet sein - vorzugsweise mit einem Diskettenlaufwerk und einer Festplatte. Die Speicherbelegung des Programms beträgt in der Version 4.2 256 KB, so daß ein Speicherausbau von 640 KB ratsam ist. Sie können mit einem Monochrom- oder Farbmonitor arbeiten - je nachdem, welche Grafikkarte Sie verwenden. Mir ist keine gängige Grafikkarte bekannt, die das Programm nicht unterstützt.

WordPerfect unterstützt eine Vielzahl von Druckern - und die Geräte, für die kein Druckertreiber angeboten wird, können angepaßt werden. Sollten Sie Schwierigkeiten mit der Anpassung haben, was vorkommen kann, wenn Sie "Computerneuling" sind, dann wenden Sie sich entweder an Ihren Händler oder den Druckerhersteller. In den meisten Fällen wird man Ihnen schnell helfen können.

Das WordPerfect-Programmpaket umfaßt:

1. Handbuch
2. Tastaturschablone
3. Kurzbeschreibung der Befehle
4. 6 Disketten
    - WordPerfect
    - Printer 1
    - Printer 2
    - Speller
    - Thesaurus
    - Learning

Schalten Sie Ihren Computer, Monitor und Drucker ein, laden Sie das Betriebssystem, und legen Sie die Tastaturschablone um die Funktionstasten (F1-F10). Kontrollieren Sie, sofern Sie keinen AT-Kompatiblen Computer benutzen, Datum und Uhrzeit, denn WordPerfect greift auf diese beiden Daten zurück.

Als nächstes formatieren Sie bitte Disketten und kopieren die Programm-disketten mit dem DOS-Befehl

DISKCOPY A: B:

auf Ihre vorbereiteten Disketten. Vergessen Sie nicht, diese sorgfältig zu beschriften. Danach bewahren Sie die Originaldisketten an einem sicheren Ort auf - möglichst nicht im gleichen Zimmer wie Computer und übrige Disketten. Zur Arbeit verwenden Sie jetzt nur noch die Kopien, die Benutzung der Originale ist einem Notfall vorbehalten.

Das umfangreiche Leistungsspektrum von WordPerfect ist zwar auch von zwei Diskettenlaufwerken zu bewältigen, doch einfacher und komfortabler ist die Arbeit mit einem Festplattenlaufwerk, einer Harddisk. Festplatten sind mittlerweile nicht nur problemlos in den PC einzubauen, der Preisverfall der vergangenen Jahre hat auch dafür gesorgt, daß sie für jeden Computeranwender erschwinglich sind. Die Preise beginnen bei ca. DM 400.-. Diesen Betrag sollte man unbedingt dann ausgeben, wenn WordPerfect professionell genutzt werden soll.

Um nun die WordPerfect-Programmdisketten auf die Festplatte zu laden, gibt es mehrere Möglichkeiten. Die meiner Meinung nach einfachste Art ist, die Festplatte in zwei oder drei logische Disks - bezeichnen wir sie einmal mit C,D,E - einzuteilen (wie das geht, steht im Handbuch des Computers oder der mit der Festplatte gelieferten Produktbeschreibung) und dann mit dem Befehl COPY A:*.* C: die Disketten des Textprogramms auf Ihre Festplatte laden. Dieses Vorgehen hat den Vorteil, daß Sie zu jeder Zeit Zugriff auf alle Dateiendes Programms haben - also auch jederzeit die Hilfefunktionen aufrufen können, wenn Sie einmal nicht weiterwissen. "D" können Sie dann für andere Programme reservieren, und auf "E" legen Sie die Texte ab, die bei Ihrer täglichen Arbeit anfallen.

Eine andere, elegantere Art, das Programm auf der Festplatte unterzubringen, liegt darin, zunächst ein Directory anzulegen und die Disketteninhalte in dieses zu kopieren. Wie Sie hierbei vorgehen, entnehmen Sie bitte Ihrem MS-DOS Handbuch.

Wenn Sie das Betriebssystem geladen haben, rufen Sie jetzt WordPerfect auf. Arbeiten Sie mit zwei Diskettenlaufwerken, benutzen Sie den Befehl A:wp; verwenden Sie ein Festplattenlaufwerk, geben Sie C:wp ein. Bestätigen Sie den Befehl jeweils mit <RETURN>.

TASTATUR UND FUNKTIONSTASTEN

Verglichen mit der Tastatur einer Schreibmaschine weist die Computertastatur ein erweitertes Tastenfeld auf. Kein Wunder, denn die Tastatur dient nicht nur zum Schreiben, sondern auch zur Kommunikation Mensch/Computer. Neben der gebräuchlichen Buchstaben/Ziffernkombination, sind es vor allem die Spezialtasten, die Funktionstasten und die Lichtmarkensteuerung (Cursortasten), die das problemlose Arbeiten mit WordPerfect erst ermöglichen. Zu einem ersten Kennenlernen möchte ich Ihnen diese Sondertasten kurz vorstellen:

SPEZIALTASTEN

<TAB>

Heißt es im Text "Drücken Sie die Tabulatortaste", dann betätigen Sie bitte <TAB>. Neben Befehlen in Kombination mit den Funktionstasten (Fl-F10) bewirkt diese Taste ein Vorspringen der Lichtmarke zum nächsten Tabulatorstop.

<RETURN>

Auf der Schreibmaschine bewirkt die Betätigung dieser Taste den Wagenrücklauf. Auf der Computertastatur leitet diese Taste einen Befehl oder eine Befehlsfolge ein. Sie ist eine der meistgebrauchten Tasten.

<SHIFT>

Die "Umschalttaste", mit der man von Klein- auf Großbuchstaben umschaltet. Neben der reinen Schreibfunktion wird diese Taste ebenfalls in Kombination mit den Funktionstasten verwendet.

<RÜCKSCHR>

Betätigen Sie bei dieser Bezeichnung die Pfeiltaste oben rechts im mittleren Teil Ihrer Tastatur. Die Rückschritt-Taste wird dazu benutzt, eingegebene Zeichen wieder zu löschen.

<EING.LÖSCH>
<INS>
<LÖSCH>

Betätigen Sie diese Tasten, wenn Sie dazu aufgefordert werden.

FUNKTIONSTASTEN

Bei anderen Textverarbeitungsprogrammen muß man sich oft mühselig durch eine Menüfolge "durchhangeln", bis man schließlich die gewünschte Funktion erreicht. Bei WordPerfect ist das nicht notwendig. Auf die allermeisten Befehl kann direkt zugegriffen werden. Dieses "Befehlslayout" hat sich vor allem für Anwender bewährt, die professionell schreiben, und die in der Vergangenheit eine Schreibmaschine benutzt haben. Natürlich sind die Funktionen des Programms dermaßen umfangreich, daß eine einfache Belegung der Funktionstasten bei weitem nicht ausreicht. WordPerfect hat eine vierfache Belegung entwickelt - d.h. über jede Funktionstaste können mit verschiedenen Tastenkombinationen vier Befehle gegeben werden. Das mag sich im Augenblick kompliziert anhören, hat sich jedoch in der Praxis glänzend bewährt.

Grundsätzlich ist nach der Funktionsweise zu unterscheiden, ob zwei Tasten nacheinander oder gleichzeitig gedrückt werden müssen. Um den Unterschied zu verdeutlichen, werden in diesem Buch Befehlsfolgen, bei denen eine Taste gedrückt und gleichzeitig eine andere betätigt wird, so geschrieben <SHIFT><F1>. Tastenkombinationen, die nacheinander betätigt werden, sind durch Komma getrennt: <SHIFT><F8>,<4>,<2>.

Die Belegung der Funktionstasten F1 bis F10 erfolgt auf vier Ebenen. Auf der ersten Ebene werden die Befehle durch Drücken der Tasten F1 - F10 gegeben, auf die zweite Ebene gelangt man durch die Kombination <ALT><F1-F10>, die dritte Ebene besteht in der gleichzeitigen Betätigung von <SHIFT><F1-F10>, und die vierte Ebene besteht schließlich im Zusammenspiel von <STRG><F1-F10>. Auf diese Weise kann man mit Tastendruck vierzig Funktionen aufrufen, von denen einzelne in weitere, weniger oft gebrauchte Menüs verzweigen. Das Programmpaket WordPerfect wird mit einer farbigen Tastaturschablone geliefert, die eine Kurzbeschreibung der Befehle enthält. Sollte Ihnen diese Schablone nicht zur Verfügung stehen, dann finden Sie in der folgenden Tabelle eine Übersicht über die Befehlskombinationen.

<STRG><F1>	Manager (Library Aufruf)
<SHIFT><F1>	Hoch/Tief
<ALT><F1>	Thesaurus
<F1>	Storno
<STRG><F2>	Lexikon
<SHIFT><F2>	Suchen rückwärts
<ALT><F2>	Ersetzen
<F2>	Suchen vorwärts
<STRG><F3>	Bildschirm
<SHIFT><F3>	Umschalten
<ALT><F3>	Steuerzeichen zeigen
<F3>	Hilfefunktion
<STRG><F4>	Verschieben und Kopieren

<SHIFT><F4>	Einrücken/beide Ränder
<ALT><F4>	Block ein/ausschalten
<F4>	Einrücken/linker Rand
<STRG><F5>	Text ein/aus
<SHIFT><F5>	Datum
<ALT><F5>	Text markieren
<F5>	Dateiverzeichnis
<STRG><F6>	Ausrichten
<SHIFT><F6>	Zentrieren
<ALT><F6>	Rechtsbündig
<F6>	Fett
<STRG><F7>	Fußnote
<SHIFT><F7>	Druck
<ALT><F7>	Math/Spalten
<F7>	Exit/Sichern und Verlassen von WP
<STRG><F8>	Druck/Format
<SHIFT><F8>	Zeile/Format
<ALT><F8>	Seite/Format
<F8>	Unterstreichen
<STRG><F9>	Mischen/Sortieren
<SHIFT><F9>	Mischen E/Datensatz
<ALT><F9>	Misch-Befehle
<F9>	Mischen R/Datenfeld
<STRG><F10>	Macro definieren
<SHIFT><F10>	Text laden
<ALT><F10>	Macro
<F10>	Text sichern

Einzelne Tastenkombinationen verzweigen in weiterführende Menüs. Auf diese Menüs wird im folgenden noch ausführlich eingegangen, doch um zusammen mit der Funktionstastenbelegung eine Komplettübersicht zu geben, möchte ich sie an dieser Stelle kurz vorstellen:

<STRG><F3>	Bildschirm – Öffnen/Schließen von Bildschirmfenstern; Liniengrafik; Definieren von Tastenkombinationen, durch die Sonderzeichen dargestellt werden können.

<SHIFT><F3>	Umschalten – Bei ausgeschaltetem Blockmodus kann zwischen zwei Textfenstern hin und hergeschaltet werden. Bei eingeschalteter Blockfunktion ist ein Umschalten zwischen Groß- und Kleinschreibung bei markiertem Text möglich.
<STRG><F4>	Verschieben – Satz, Absatz und Seite(n) können im Text verschoben werden. Bereits ausgeschnittene Textteile können wieder eingefügt werden.
<STRG><F5>	Text ein/aus – ASCII und DOS- Dateien können abgespeichert und aufgerufen werden; Paßwortschutz für Dateien.
<SHIFT><F5>	Datum – Datum in den Text einfügen und Änderung des Datumsaufbaus.
<ALT><F5>	Text markieren – Markiert Text, der in Gliederungen, Inhalts- angaben, Listen und Indizes auf- genommen werden soll. Definition von Listen und Tabellen.
<STRG><F7>	Fußnote – Schreiben und Bearbeiten von Fuß- und Endnoten.
<SHIFT><F7>	Druck – Druckersteuerung
<STRG><F8>	Druck/Format – Wahl der Schriftart, Schrittweite, Block- und Flatter- satz, Erstellung der Nummern von Einzelblattschächten, Einfügung von Druckerbefehlen, Zeilennumerierung.
<SHIFT><F8>	Zeile/Format – Einstellung von linkem und rechtem Rand; Tabulatoren; Worttrennung; Wahl des Ausrichtzeichens.
<ALT><F8>	Seite/Format – Einstellung der Seitennumerierung; Zentrierung des Textes; Festlegung von oberem Blattrand, Seitenlänge, Absatzschutz, Kopf- und Fußzeile.

TASTEN ZUR STEUERUNG DER LICHTMARKE

In der Standardvorgabe des Programms erscheint die Lichtmarke (Cursor) als kleiner, blinkender Strich auf dem Bildschirm. Die Lichtmarke zeigt Ihnen, an welcher Stelle in Ihrem Text Sie sich gerade befinden und wo Sie Buchstaben einfügen und löschen können. Mit der Lichtmarke können Sie sich problemlos und schnell durch Ihren Text bewegen und jeden beliebigen Punkt aufsuchen. Auf der PC- und der AT-Tastatur sind die Steuertasten innerhalb des numerischen Feldes der Tastatur angeordnet. Wenn Sie auf eine der mit Pfeil gekennzeichneten Tasten drücken und eine Zahl erscheint, befinden Sie sich im Rechenmodus. Kein Problem –

drücken Sie einfach <EING.LÖSCH>, und die Lichtmarke bewegt sich. Die hier angegebene Beschriftung bezieht sich auf die AT-Tastatur.

Die Lichtmarke wird mit den Pfeiltasten bewegt:

<↑>	bewegt die Lichtmarke eine Zeilenach oben
<↓>	bewegt die Lichtmarke eine Zeile nach unten
<→>	bewegt die Lichtmarke ein Zeichen nach rechts
<←>	bewegt die Lichtmarke ein Zeichen nach links

Eine solch eingeschränkte Beweglichkeit des Cursors wäre immer dann hinderlich, wenn Stellen in längeren Manuskripten und Texten gesucht werden sollten. Aus diesem Grund wurde in WordPerfect die Lichtmarkensteuerung erweitert.

Um eine bestimmte Seite anzusteuern, drücken Sie:

<STRG><POS1>n

bewegt die Lichtmarke an den Seitenanfang der n-ten Seite.

Um sich im Text weiterzubewegen, drücken Sie:

<POS1><POS1><↓>	bewegt die Lichtmarke ans Textende.
<BILD>	bewegt die Lichtmarke an dennächsten Seitenanfang.
<POS1><↓ oder <+>	bewegt die Lichtmarke zum unteren Bildschirmrand; wenn sie sichbereits in der untersten Zeile befindet, werden die nächsten vierundzwanzig Zeilen übersprungen.
<EING.LÖSCH>↓ n<Bild↓>	bewegt die Lichtmarke n-Seiten weiter.
<EING.LÖSCH>n<↓>	bewegt die Lichtmarke n-Zeilen nach unten.
<STRG><POS1><↓>	bewegt die Lichtmarke ans Ende der Seite.

Um im Text rückwärts zu gehen, drücken Sie:

<POS1><POS1><↑>	bewegt die Lichtmarke an den Textanfang
<BILD↑>	bewegt die Lichtmarke an den Beginn der vorhergehenden Seite.
<POS1><↑> ↓ oder <–>	bewegt die Lichtmarke an den oberen Rand des Bildschirms
<EING.LÖSCH>↓ n<BILD1↑>	bewegt die Lichtmarke um n-Seiten zurück.

<EING.LÖSCH> n <↑>   bewegt die Lichtmarke um n-Zeilennach oben.

Um im Text nach rechts zu gehen, drücken Sie bitte:

<END>   bewegt die Lichtmarke zum Zeilenende

<POS1><→>   bewegt die Lichtmarke an den rechten Rand des Bildschirms

<EING.LÖSCH> n <→>   bewegt die Lichtmarke um n-Zeichen nach rechts

<STRG><POS1><→>   bewegt in einem mehrspaltigen Text die Lichtmarke in die folgendeSpalte.

<STRG><POS1> ↓   bewegt die Lichtmarke zur letzten Spalte.
<POS1><→>

Um im Text nach links zu gehen, drücken Sie:

<POS1><→>   bewegt die Lichtmarke an den linken Rand des Bildschirms

<EING.LÖSCH> n <→>   bewegt die Lichtmarke um n-Zeichen nach links.

<STRG><POS1><→>   bewegt in einem mehrspaltigen Text die Lichtmarke zur nächsten linken Spalte.

<STRG><POS1> ↓   bewegt die Lichtmarke zur ersten Spalte.
<POS1><←>

PROBLEMBEREICH BRIEF

TEXTERFASSUNG

Die Schöpfer von WordPerfect haben die Bezeichnung "perfekt" nicht ohne Grund in der Bezeichnung ihres Produkts verwendet. WordPerfect ist ein ungewöhnlich komplexes und vielseitiges Programm, dessen einzelne Anwendungsbereiche und - möglichkeiten sich dem Benutzer erst nach und nach erschließen werden. Wenn Sie zum erstenmal mit Word-Perfect arbeiten - oder sogar zum erstenmal mit einem Textverarbeitungsprogramm überhaupt - dann befinden Sie sich in der Lage eines Menschen, der gerade den Führerschein gemacht hat und dem der Schlüssel eines Porsche Turbo in die Hand gedrückt wird. Wie Nicki Lauda wird er das Auto ganz sicher nicht bewegen können - aber mit einiger Vorsicht wird er von A nach B gelangen. Mit anderen Worten: Sie werden am Anfang zwar nicht alle Möglichkeiten des Textprogramms ausschöpfen, doch Sie werden in relativ kurzer Zeit lernen, einen Brief zu schreiben, ihm ein ansehnliches Äußeres zu verleihen und ihn anschließend ausdrucken zu lassen. Verkomplizieren Sie Ihren Lernprozeß nicht unnötig, versuchen sie nicht gleich zu Beginn, sich jeden einzelnen Befehl einzuprägen und auswendig zu lernen. Auch dieses Buch dient dem Zwecke des Nachschlagens - und natürlich gilt wie bei jeder manuellen Tätigkeit: Übung macht den Meister. Verzweifeln Sie also nicht, wenn Sie einmal nicht mehr weiterwissen. Schauen Sie ruhig nach. Ihnen werden allmählich Lösungsmöglichkeiten für Ihr Problem auffallen, an die Sie noch gar nicht gedacht hatten.

Standardfunktionen

Bevor Sie mit dem Tippen beginnen, werden von WordPerfect sogenannte Standardfunktionen geladen, die dafür sorgen, daß das Standard-Seitenformat, der Zeilenabstand, Schrift und andere Formalien gleichbleiben. Diese Angaben können Sie Ihren Bedürfnissen entsprechend ändern. Doch damit Sie eine Vorstellung haben, was standardisiert wurde, finden Sie hier die einzelnen Angaben:

- Seitengröße DIN-A4 (8 1/2 x 11 2/3 Zoll). Das
  entspricht 70 Zeilen bei 58 Druckzeilen

- Oberer und unterer Blattrand 1 Zoll (6 Zeilen)

- Linker Rand 1 Zoll (Zeichenposition 10)

- Rechter Rand 1 Zoll (Zeichenposition 74)

- Zeilenabstand 1 (6 Zeilen pro Zoll)

- Standardschrift / 10 Zeichen pro Zoll

- Keine Absatzeinrückung

- Flattersatz

- Keine Seitennumerierung

- Automatische Sicherung aus

- Tabulatorstop bei jedem 5. Zeichen.

Diese Standardeinstellungen führen dazu, daß Sie pro Seite achtundfünfzig Druckzeilen zu je fünfundsechzig Anschlägen zur Verfügung haben. Auf dem Bildschirm erscheint der Text linksbündig, im Flattersatz.

WordPerfect ist weitgehend bildschirmorientiert ausgelegt. Das heißt, Sie sehen den Text so, wie Sie ihn erfassen, auf dem Monitor. Fette Textpassagen werden unterlegt dargestellt, eingerückte Texte sind auch auf dem Bildschirm eingerückt zu sehen. Ändern Sie Zeilenzahl oder Zeilenabstand, wird auch das auf dem Monitor sichtbar gemacht. Wenn Sie einen Brieftext geschrieben haben, können Sie auf dem Bildschirm ausprobieren, wie Ihr Schreiben am besten wirkt. Sie sparen dadurch mehrere Ausdrucke. Ebenfalls ersparen Sie den Nervenverschleiß, den Probeausdrucke normalerweise mit sich bringen.

WordPerfect ist allerdings kein grafikorientiertes Textprogramm. Sie werden also nicht in den Genuß des mit Vorschußlorbeeren überhäuften "WYSIWYG" (What you see ist what you get) - genau das, was Sie auf dem Monitor sehen, bekommen Sie auch beim Druck - kommen. Bestimmte Schriftarten, die Ihr Drucker darstellen kann - Proportionalschrift oder Kursivschrift - erscheinen auf dem Monitor nur in normalen Buchstaben. Blocksatz wird ebenfalls nur ausgedruckt, nicht aber angezeigt. - Die WordPerfect Co. hat dieses von einigen Benutzern bemängelte Manko erkannt und sich bemüht, Abhilfe zu schaffen. Mit der Programmversion 4.2 wird erstmals eine "Vorschau" <SHIFT><F7>,<6> angeboten, die den Probeausdruck auf dem Bildschirm zeigt.

Statuszeile

Anders als bei anderen Textverarbeitungsprogrammen, die eine bunte Menüvielfalt anzeigen und der eigenen Arbeit nur wenige Leerzeilen übrig lassen, ist der Bildschirm von WordPerfect beim Einschalten des Programms beinahe leer. Lediglich im unteren rechten Teil des Bildschirms sind einige Buchstaben und Ziffern zu erkennen, die für die Arbeit die notwenigsten Hinweise liefern: Die Statuszeile.

E:\BRIEF   Txt 1   S 1   Z 1   Pos 10

Diese Zeile bietet Ihnen die wichtigsten Orientierungsmerkmale:

- In der linken Ecke sehen Sie den Namen der Datei, die Sie gerade bearbeiten.

- Die Textnummer 1,2 oder 3 verrät Ihnen, welchen Text Sie gerade bearbeiten. Sie können den Bildschirm mit der Tastenkombination <STRG><F3> wechseln. Bildschirm 3 erscheint bei der Vorschau.

- S 1 bezeichnet die Seite, die gerade auf dem Monitor dargestellt wird.

- Z 1 – Sie befinden sich in der ersten Zeile des Textes.

- Pos 10 bezeichnet die Lichtmarkenposition, an der sich der Cursor in diesem Augenblick befindet.

Die Positionsangabe bietet darüber hinaus noch weitere Informationen:

- POS – SIE HABEN DIE TASTE <GROß> BETÄTIGT UND SCHREIBEN MIT GROßBUCHSTABEN

- Pos blinkt – Sie haben die Taste <EING.LÖSCH> betätigt und benutzen den numerischen Tastenblock.

- Pos / Zahl unterstrichen – Sie haben Unterstreichen gewählt.

- Pos / Zahl unterlegt – Sie haben die Option Fett gewählt.

Wenn Sie unten links den Namen der augenblicklich bearbeiteten Datei sehen (hier E:\brief), dann befinden Sie sich im "Einfügemodus" – das bedeutet, jedes Zeichen, das Sie über die Tastatur eingeben, bewirkt, daß der Text um dieses Zeichen nach rechts verschoben wird. Sie haben aber auch die Möglichkeit, auf den Überschreibmodus umzuschalten <EINFG>, dann überschreiben Sie Ihren Text, und die Statuszeile sieht folgendermaßen aus:

Überschreiben   Txt 1   S·1   Z 1   Pos 1

Mit der Statuszeile und den Standardvorgaben haben Sie die wichtigsten Merkmale von WordPerfect kennengelernt, so daß wir jetzt dazu übergehen können, einen kurzen Text zu schreiben, der Sie mit den wichtigsten formalen Gestaltungsmerkmalen vertraut machen wird. Drücken Sie bei Zeilen, die nicht vollständig beschrieben sind – beispielsweise bei der Adresse – die Wagenrücklauftaste <RETURN>, um in die nächste Zeile zu schalten. Bei Leertasten verfahren Sie ebenso.

Text Erfassen

Geben Sie bitte folgenden Brieftext ein, oder laden Sie von der Diskette, die zu diesem Buch angeboten wird, die Datei Brief.1.

Fa.
Fix & Fertig Software
z.Hd. Herrn J. Treukauf
Marktplatz 1

1234 Beispielstadt

Angebot Ihres Textverarbeitungsprogramms "Hexengriffel"

Sehr geehrter Herr Treukauf,

leider müssen wir nun doch vom Erwerb Ihres Programms
"Hexengriffel" Abstand nehmen. In unserem Hause wurde
zeitgleich "WordPerfect" vorgeführt, und der Repräsentant der
Fix & Fertig Software hat sich angesichts der überlegenen
Leistung dieses Programms Hals über Kopf verabschiedet.

Da scheinen mir doch bei "Hexengriffel" Dichtung und
Wahrheit etwas auseinanderzuklaffen. Kurz gesagt:
"WordPerfect hält genau das, was "Hexengriffel" verspricht.
Dieses Programm ist nach unserer bisherigen Erfahrung
1.leicht zu erlernen, 2. einfach zu bedienen, 3. Word Perfect
hat eine Mailmerge-Funktion und 4. das Programm liest Texte
automatisch Korrektur. Alle diese Vorteile haben uns bewogen,
"WordPerfect" als Standard-Textprogramm in unserem Hause
einzusetzen.

Mit freundlichen Grüßen

Wortumbruch

Bei der Erfassung des Brieftextes wird Ihnen aufgefallen sein, daß Sie
beim Schreiben nicht wie auf der Schreibmaschine "umschalten" mußten
- Wörter, die nicht mehr in die Zeile paßten, wurden automatisch in die
nächstfolgende Zeile übernommen. Dieser automatische Umbruch - oder
"Wordwrapping", um einen typischen Ausdruck aus der Computersprache
zu verwenden, erleichtert die tägliche Routinearbeit beim Schreiben ganz
ungeheuer.

Doch sehen wir uns den Brief noch einmal näher an: So wie das Schreiben jetzt aussieht, genügt es wohl kaum den gehobeneren Ansprüchen
der Bürokorrespondenz. Zunächst fehlt das Datum. Kein Problem mit
WordPerfect - auch wenn der Kalender nicht in Reichweite sein sollte.

Datum Einfügen

Sie steuern die Lichtmarke an den Briefanfang, eine Zeile oberhalb von "Fa." und fahren mit der Leertaste auf Position 61. Das aktuelle Datum kennen Sie zwar nicht, aber Sie wissen, daß WordPerfect eine Funktion besitzt, die ein Datum automatisch einsetzen kann. Sie schauen noch einmal bei der Funktionstastenbelegung nach und drücken dann <SHIFT><F5>.

16.5.1988

Fa.
Fix & Fertig Software
z.Hd. Herrn J. Treukauf
Marktplatz 1

1234 Beispielstadt

Das Datum sitzt an Ort und Stelle. Einfach, nicht wahr?

Unterstreichen

Die Stadt, in die der Brief geschickt werden soll, scheint Ihnen nicht genug hervorgehoben. Es würde Ihrer Meinung nach besser aussehen, wenn "1234 Beispielstadt" unterstrichen wäre. Steuern Sie mit der Lichtmarke ans Ende der Zieladresse, und fahren Sie dann mit der Taste <RÜCKSCHRITT> nach links. Stadt und Postleitzahl verschwinden. Drücken Sie jetzt <F8> um den Zielort zu unterstreichen. Schreiben Sie

1234 Beispielstadt
Nach dem letzten Buchstaben schalten Sie mit erneutem Drücken von <F8> die Unterstreichfunktion wieder aus.

Fettdruck

Ihr Briefpartner sollte vielleicht etwas deutlicher erkennen, weshalb Sie ihm geschrieben haben. Es wäre vielleicht nicht schlecht, wenn man die "Betrifft-Zeile" fett drucken könnte. Gehen Sie genauso vor, wie schon beim Unterstreichen: Fahren Sie ans Ende der entsprechenden Zeile, und löschen Sie diese mit der Taste <RÜCKSCHRITT>. Danach betätigen Sie die Funktionstaste <F6> und schreiben den Text erneut.

Angebot Ihres Textverarbeitungsprogramms "Hexengriffel"

Vergessen Sie nicht, anschließend mit erneutem Drücken von <F6> die Funktion auszuschalten.

Zentrieren

Diese Zeile macht Ihnen nach wie vor Kopfzerbrechen. Vielleicht wäre es nicht schlecht, wenn Sie zentriert wäre. Seit jeher war die Visitenkarte Ihres Unternehmens das perfekte Layout der Geschäftsbriefe. Sie gehen genauso vor, wie zuvor, löschen die Zeile und drücken dann nacheinander die Tasten <F6> und <STRG><F6>. Dann schreiben Sie, und die Zeile erscheint zentriert auf Ihrem Brief.

Angebot Ihres Textverarbeitungsprogramms "Hexengriffel"

Nachdem Sie die Funktionen wieder ausgeschaltet haben, wenden Sie sich nun dem Inhalt des Briefes zu. Im Grunde genommen ein Schreiben, das irgend ein Sachbearbeiter kurz vor Feierabend lustlos zu Papier gebracht haben könnte, meinen Sie. Sie wollen noch etwas am Stil feilen? Mit WordPerfect ist das kein Problem.

Einfügen von Zeichen und Ergänzungen

Der erste Satz gefällt Ihnen ganz gut, doch die Erklärung, weshalb der Repräsentant der Fa. Fix & Fertig das Handtuch geworfen hat, befriedigt Sie noch nicht so recht. Da wollen wir doch etwas deutlicher werden. Sie fahren mit der Lichtmarke ans Ende des ersten Absatzes, hinter "verabschiedet" und fügen ein: "In buchstäblich jeder Disziplin, ob Schnelligkeit, Formatiermöglichkeit oder Druckersteuerung war WordPerfect dem von Ihnen angebotenen Programm überlegen." Sie sehen, der Text fügt sich nahtlos an den ersten Absatz; Leerzeile und zweiter Absatz bleiben von der Einfügung unberührt.

Löschen von Zeichen

Füllsel in Briefen halten Sie für überflüssig. Ihre Schreiben sollen knapp und präzise sein. Beim zweiten Durchsehen fallen Ihnen Wörter wie "nun" und "doch" auf, die Sie gerne löschen möchten. Auch das ist kein Problem: Sie steuern mit der Lichtmarke hinter das entsprechende Wort und löschen es Buchstabe für Buchstabe mit der <RÜCKTASTE>.

HINWEIS: Die <RÜCKTASTE> löscht die Zeichen, die sich links von der Lichtmarke befinden, mit der Taste <LÖSCH> verschwindet das Zeichen, unter dem die Lichtmarke blinkt.

Die elegantere Methode, ein Wort zu löschen, besteht darin, das Wort anzusteuern und dann <STRG><RÜCKTASTE> zu drücken. Jetzt sieht Ihr Brief folgendermaßen aus:

16.5.1988

Fa.
Fix & Fertig Software
z.Hd. Herrn J. Treukauf
Marktplatz 1

1234 Beispielstadt

Angebot Ihres Textverarbeitungsprogramms "Hexengriffel"

Sehr geehrter Herr Treukauf,

leider müssen wir vom Erwerb Ihres Programms "Hexengriffel"
Abstand nehmen. In unserem Hause wurde zeitgleich
"WordPerfect" vorgeführt, und der Repräsentant der Fix &
Fertig Software hat sich angesichts der überlegenen Leistung
dieses Programms Hals über Kopf verabschiedet. In
buchstäblich jeder Disziplin, ob Schnelligkeit,
Formatiermöglichkeit oder Druckersteuerung, war WordPerfect
dem von Ihnen angebotenen Programm überlegen.

Da scheinen mir bei "Hexengriffel" Dichtung und Wahrheit
etwas auseinanderzuklaffen. Kurz gesagt: "WordPerfect hält
genau das, was "Hexengriffel" verspricht. Dieses Programm ist
nach unserer bisherigen Erfahrung 1. leicht zu erlernen, 2.
einfach zu bedienen, 3. Word Perfect hat eine Mailmerge-
Funktion und 4. das Programm liest Texte automatisch
Korrektur. Alle diese Vorteile haben uns bewogen,
"WordPerfect" als Standard-Textprogramm in unserem Hause
einzusetzen.

Mit freundlichen Grüßen

Einfügen von Leerzeilen

Im zweiten Absatz wollen Sie Ihre bisher gemachten Erfahrungen mit
WordPerfect etwas deutlicher herausstellen und die Vorteile des Pro-
gramms in einem eigenen Absatz unterstreichen. Dazu fahren Sie mit der
Lichtmarke den Buchstaben "D" von "Dieses Programm an und betätigen
zweimal die Zeilenschaltung <SHIFT><SHIFT>. Der zweite und dritte
Absatz Ihres Briefes sieht jetzt so aus:

Da scheinen mir bei "Hexengriffel" Dichtung und Wahrheit etwas auseinanderzuklaffen. Kurz gesagt: "WordPerfect hält genau das, was "Hexengriffel" verspricht.

Dieses Programm ist nach unserer bisherigen Erfahrung

1.leicht zu erlernen, 2. einfach zu bedienen, 3. Word Perfect hat eine
Mailmerge-Funktion und 4. das Programm liest Texte automatisch korrektur. Alle diese Vorteile haben uns bewogen, "WordPerfect" als Standard-Textprogramm in unserem Hause einzusetzen.

Schon etwas übersichtlicher, nicht wahr? Als vorerst letzten Schritt möchten Sie den etwas geschwollen klingenden Satz "Da schienen mir bei "Hexengriffel" Dichtung und Wahrheit etwas auseinanderzuklaffen" streichen.

Löschen von Textpassagen

Sie steuern die Lichtmarke zunächst an den Satzanfang und löschen die gesamte Zeile durch Betätigen der Tasten <STRG><END>. Die erste Zeile verschwindet. Die beiden Wörter "etwas auseinanderzuklaffen" löschen Sie durch zweimalige Betätigung der Wortlöschung <STRG><RÜCKTASTE>.

Drucken und Speichern

Jeder eingegebene Text kann dadurch dauerhaft aufbewahrt werden, daß gedruckt und/oder gespeichert wird. WordPerfect bietet die Möglichkeit, in regelmäßigen Abständen bereits während der Arbeit Text zu speichern, so daß im Falle eines eventuellen Stromausfalls nicht die gesamte Mühe umsonst war. Diese Möglichkeit wird später noch ausführlicher erörtert. Im Augenblick wollen wir uns damit begnügen, den erfaßten Brief auszudrucken und anschließend "von Hand" zu speichern.

Text Drucken

Bei einem Textverarbeitungsprogramm haben Sie die vielfältigsten Möglichkeiten, Ihre Texte zu Papier zu bringen. Sie können entweder einzelne Seiten oder die ganze Datei ausdrucken lassen. Eine Datei ist übrigens nichts anderes als ein abgeschlossener Textteil, der in dieser Form gespeichert wird.

Im Augenblick möchte ich davon ausgehen, daß Ihr Drucker angeschlossen ist und bereits problemlos läuft. Sollte das nicht der Fall sein, so schauen Sie bitte im Anhang unter dem Stichwort "Druckersteuerung" nach, wo Sie weitere Hinweise zur Installation des Printers erhalten. Vergewissern Sie sich, ob der Drucker richtig angeschlossen und Papier eingespannt ist. Schalten Sie Ihren Drucker jetzt ein, und drücken Sie die Tastenkombination <SHIFT><F7>. In der Statuszeile erscheint jetzt folgendes Auswahlmenü:

1 Datei 2 Seite 3 Angaben 4 Drucker-Kontrolle 5 Schreibmasch. 6 Vorschau: 0

Der Text ist nicht länger als eine Seite, deshalb können Sie an dieser Stelle die Option "2" eingeben. Ihr Drucker müßte nun den Brief ausdrucken. WordPerfect enthält wie viele der anspruchsvolleren Textverarbeitungsprogramme einen internen Spooler, der Hintergrunddruck erlaubt. Sie können also, während Ihr Drucker Texte ausgibt, ungestört weiterarbeiten - sofern Sie nicht besonders geräuschempfindlich sind.

Text Speichern

Um bei einem Netzausfall vor Textverlust gefeit zu sein, sollten Sie nach Möglichkeit alle Viertelstunde Ihren Text abspeichern. WordPerfect bietet zwar die Möglichkeit, diesen Vorgang zu automatisieren, doch wollen wir uns im Augenblick mit der Speicherung über die Taste <F10> - Sichern - zufriedengeben. Wenn Sie nun <F10> drücken, erscheint die Aufforderung

    Zu sichernde Datei:

Damit wird Ihnen die Möglichkeit gegeben, Ihrem Schriftstück eine Kurzbezeichnung zu geben, die Ihnen später ermöglicht, die Datei im Dateiverzeichnis wiederzufinden. Der Dateiname darf einen bis acht Buchstaben umfassen (keine Leerschritte). Sie können aber einen Punkt eingeben und danach weitere drei Buchstaben oder Ziffern anfügen. Dann bestätigen Sie den Speichervorgang mit der Taste <RETURN>, Falls Sie den betreffenden Dateinamen bereits vergeben haben, erkennt WordPerfect dies und fragt:

    Überschreiben von (Datei)? (J/N) N

Wollen Sie die bereits gespeicherte Datei überschreiben, geben Sie ein "J" ein - anderenfalls drücken Sie <RETURN>, setzen einen neuen Dateinamen ein und bestätigen wiederum mit <ENTER>. Die Datei ist gespeichert. Sie können mit einer neuen Datei weiterarbeiten.

WordPerfect Beenden

Wollen Sie Ihren Text beenden und gleichzeitig das Textverarbeitungsprogramm verlassen, dann betätigen Sie bitte die Taste <F7> - Exit -. Das Programm fragt Sie:

Text sichern? (J/N) J

Das angebotene "J" für ja ist die Standardantwort, die Sie jetzt einfach mit <ENTER> bestätigen können. Nun müssen Sie noch den Dateinamen eingeben, danach erneut die <ENTER>- Taste drücken, und WordPerfect wird Ihnen den Ausstieg aus dem Programm anbieten:

WP beenden (J/N) N

Mit dem Drücken von "J" kehren Sie auf die Betriebssystemebene zurück und können nun ein anderes Programm laden oder den Computer abschalten.

TEXTBEARBEITUNG

Mit WordPerfect kann man auf relativ einfache Art und Weise Texte schreiben, speichern und verändern. Um noch einmal auf das Beispiel mit dem Porsche zurückzukommen: Im ersten Kapitel sind Sie im ersten Gang von A nach B gefahren. Vor allem im Bereich der Textbearbeitung kann WordPerfect erheblich mehr leisten. - Das ist nur sinnvoll, denn man verbringt normalerweise mehr Zeit mit der Verbesserung und Gestaltung eines Briefes als damit, diesen zu "tippen".

TEXT LADEN

Im ersten Kapitel haben Sie gesehen, wie ein Text beim Schreiben bearbeitet werden kann. Oft geschieht es aber, daß man bei der Arbeit - durch einen Telefonanruf oder dadurch, daß etwas Dringendes dazwischenkommt - unterbrochen wird und das Schriftstück erst einige Zeit später fertigstellen kann. Gehen wir einmal davon aus, daß Sie das Schreiben, wie Sie es gelernt haben, abgespeichert haben. Wenn Sie dieses Schriftstück erneut bearbeiten wollen, müssen Sie die entsprechende Datei aufrufen. Wenn Ihnen der Name, mit dem Sie die Datei bezeichnet haben, noch bekannt ist, drücken Sie <SHIFT><F10>, und auf dem Bildschirm erscheint der Satz:

Zu ladende Datei:

Schreiben Sie die Dateibezeichnung - in unserem Falle E:brief.1 - und bestätigen Sie dann den Befehl durch Drücken der Taste <RETURN>. "E:" bezeichnet in diesem Fall das Laufwerk, auf dem die Datei "abgelegt" ist. Wenn Sie Ihre mit WordPerfect erstellten Texte beispielsweise auf dem zweiten Floppylaufwerk speichern, müßte der Befehl B:brief.1 lauten.

Erinnern Sie sich nicht mehr an die genaue Dateibezeichnung, dann bietet Ihnen WordPerfect die Möglichkeit, sich im Inhaltsverzeichnis der Dateien umzuschauen. Um einen Blick ins Inhaltsverzeichnis werfen zu können, drücken Sie einfach die Taste <F5>. In der Statuszeile erscheint die Bezeichnung des aktuellen Laufwerks, auf dem im Augenblick Ihre Texte gespeichert werden. Bestätigen Sie den Befehl nun mit <RETURN>, dann erscheint das Verzeichnis der Dateien, die auf diesem Laufwerk gespeichert sind. Es kann aber auch sein, daß Sie die Datei auf einem anderen Laufwerk abgelegt haben. Kein Problem - beim Erscheinen der Laufwerksbezeichnung wählen Sie einfach das Laufwerk, dessen Verzeichnis Sie durchsehen wollen. Sie drücken beispielsweise "B" gefolgt von einem Doppelpunkt und bestätigen wieder durch

```
31.05.88  19:45    Dateiverzeichnis  A:\*.*
Dateigröße:    23551                    Freie Kapazität: 1134592

 <AKTUELL>    <VER>              ..<ÜBERGEO>   <VER>
BINHALTS.     4115  12.01.88 17:20    BRIEF    .1      976  16.05.88 16:43
BRIEF    .2   1158  17.05.88 11:17    BRIEF    .3     1159  17.05.88 13:26
BVORWORT.     3875  15.05.88 19:44    EINLEITU.       5941  15.05.88 20:39
MEMO     .     308  17.05.88 17:56    WP1      .      4532  16.05.88 13:17
WP2      .   10268  16.05.88 12:57    WP3      .     19923  16.05.88 19:16
WP4      .   23505  17.05.88 20:05    WP6      .       755  31.05.88 16:45




1 Laden      2 Löschen      3 Umbenennen    4 Drucken     5 Text konvertieren
6 Anzeigen   7 Verz wechseln 8 Kopieren     9 Wort suchen 0 Ende: 6
```

Bild 1: Dateiverzeichnis

<RETURN>. Auf dem Bildschirm sehen Sie das Inhaltsverzeichnis von Laufwerk B.

Mit der Lichtmarkensteuerung - den vier Cursortasten - fahren Sie jetzt die Datei an, die Sie aufrufen wollen. Geben Sie nun die Ziffer 1 für "Wiedergeben" ein, und die erste Seite Ihrer Datei erscheint auf dem Monitor.

Bei mehrseitigen Inhaltsverzeichnissen können Sie mit den Tasten <BILD> und <BILD> vor, und zurückblättern.

Die Option, Texte zu speichern und beliebig oft wieder zu laden, zu verändern und wieder abzuspeichern, bringt Vorteile mit sich, die für jemanden, der sich jahrelang mit einer Schreibmaschine abgemüht hat, auf den ersten Blick erkennbar sein müßten. Endlich hat das mühselige Korrigieren mit Rasierklinge, "Tipp-Ex" und Micro-Space-Schritten ein Ende. Vorbei sind auch die Zeiten, in denen man Briefe mehrmals schreiben mußte, entweder weil sie Fehler enthielten oder irgend jemand - oft der Chef - pausenlos Korrekturen anbrachte. Wie Sie gleich sehen werden, ist das Korrigieren mit WordPerfect meist schneller zu bewerkstelligen als das Durchstreichen von Textpassagen. Neben dem Löschen von Zeichen, Worten, Sätzen und Abschnitten und umgekehrt dem Einfügen derselben können Sie beliebig oft Wörter, Sätze und Passagen vertauschen und somit die Reihenfolge ihrer Aussagen beliebig verändern.

Problemlos erstellen Sie so eine Erst-, Zweit- und Drittfassung Ihres Schreibens. Sie können auf jede Fassung zurückgreifen, sollten Sie sich in Ihrer "Verbesserungswut" verrannt haben. Korrigierte Texte müssen nicht jedesmal vollständig ausgedruckt werden - Sie können in einem hundert Seiten umfassenden Manuskript die Seite 87 korrigieren und nur diese eine korrigierte Seite drucken und später einfügen.

Um in einem Textverarbeitungsprogramm nicht immer nur Schritt für Schritt vorgehen zu müssen, wurden die Blockfunktionen entwickelt - eine Art höherer Ebene der Textbearbeitung.

BLOCKFUNKTIONEN

Mit der Blockfunktion werden Teile eines Textes markiert, die man in irgendeiner Weise bearbeiten will. Dabei wird der Text zunächst hell unterlegt und anschließend der gewünschte Vorgang durchgeführt. Bei hell unterlegtem Text erscheinen die Buchstaben dunkel auf hellem Grund - es kann aber je nach Monitor auch umgekehrt der Fall sein. Dabei können sowohl einzelne Zeichen markiert werden wie Wörter, Sätze, Abschnitte, ja vollständige Dateien.

Block Markieren

Um einen Block zu markieren, steuern Sie zunächst die Lichtmarke an die Stelle, wo der Block anfangen soll. Dann drücken Sie die Tastenkombination Block <ALT><F4>. Anstelle der Dateibezeichnung in der Statuszeile blinken dort jetzt die Worte

Block an

Da ein Beispiel besser ist als alle Erklärungen, rufen Sie jetzt bitte den Brief aus dem ersten Kapitel auf den Monitor ab. Dazu drücken Sie LADEN <SHIFT><F10> und geben die Dateibezeichnung ein. In der bisher verbesserten Version ist das "Laufwerk:brief.2". Bestätigen Sie durch Drücken von <RETURN>.

16.5.1988

Fa.
Fix & Fertig Software
z.Hd. Herrn J. Treukauf
Marktplatz 1

1234 Beispielstadt

Angebot Ihres Textverarbeitungsprogramms "Hexengriffel"

Sehr geehrter Herr Treukauf,

leider müssen wir vom Erwerb Ihres Programms "Hexengriffel"
Abstand nehmen. In unserem Hause wurde zeitgleich
"WordPerfect" vorgeführt, und der Repräsentant der Fix &
Fertig Software hat sich angesichts der überlegenen Leistung
dieses Programms Hals über Kopf verabschiedet. In
buchstäblich jeder Disziplin, ob Schnelligkeit,
Formatiermöglichkeit oder Druckersteuerung, war WordPerfect
dem von Ihnen angebotenen Programm überlegen.

Da scheinen mir bei "Hexengriffel" Dichtung und Wahrheit
etwas auseinanderzuklaffen. Kurz gesagt: "WordPerfect hält
genau das, was "Hexengriffel" verspricht. Dieses Programm ist
nach unserer bisherigen Erfahrung 1. leicht zu erlernen, 2.
einfach zu bedienen, 3. Word Perfect hat eine Mailmerge-
Funktion und 4. das Programm liest Texte automatisch
Korrektur. Alle diese Vorteile haben uns bewogen,
"WordPerfect" als Standard-Textprogramm in unserem Hause
einzusetzen.

Mit freundlichen Grüßen

Um eine bessere Übersichtlichkeit im Brief zu erreichen, wollen wir die
Produktbezeichnung "WordPerfect" fettdrucken. Wie Sie das machen können, haben Sie zwar schon gelernt, doch Ihr Textverarbeitungsprogramm
bietet noch eine elegantere Lösung an.
Bitte steuern Sie jetzt die Lichtmarke im Text zu der Stelle, an der
"WordPerfect" zum erstenmal erscheint. Dann drücken Sie BLOCK
<ALT><F4>. In der Statuszeile blinken die Worte "Block an". Sie fahren
jetzt mit der Lichtmarke nach rechts bis zum Wortende. Wordperfect ist
jetzt hell unterlegt. Wenn Sie nun die Taste FETT <F6> drücken, erscheint "WordPerfect" in Fettdruck.

Block Verschieben

Beim Schreiben kommt es vor, daß Sie zwar gute Einfälle haben, diese
jedoch in ungeordneter Reihenfolge zu Papier - oder auf den Monitor -
bringen. In der guten alten Schreibmaschinenzeit gab es dann nur zwei
Möglichkeiten. Sie haben den Text entweder mit Korrekturstift in Reih'
und Glied gebracht, oder Sie haben mit der Schere versucht, die Ordnung
herzustellen, die Sie in Gedanken nicht gehabt haben. Mit einem Text-

verarbeitungsproblem sparen Sie gerade bei einer Umstellung von Texten erheblich Zeit.

Bei der nochmaligen Durchsicht Ihres Schreibens möchten Sie den ersten Satz an das Ende des Briefes versetzen. WordPerfect bietet Ihnen verschiedene Möglichkeiten an, einen Text, der verschoben oder dupliziert werden soll, zu kennzeichnen. Fahren Sie zunächst mit der Lichtmarke an den Satzanfang, und drücken Sie die Funktion BLOCK <ALT><F4>. - Sie haben inzwischen noch einmal die Anmerkungen über die Lichtmarkensteuerung im ersten Kapitel überflogen und erinnern sich nun, daß Sie mit dem Cursor auch zeilenweise springen können. Daher unterlegen Sie die erste Zeile, indem Sie die Lichtmarke mit der Tastenkombination <STRG><END> ans Ende der ersten Zeile steuern. Diese Zeile ist hell unterlegt. Jetzt fehlen nur noch die beiden Worte "Abstand nehmen." Sie drücken die Tastenkombination für wortweises Springen <STRG><←> <→> und auch diese beiden Worte sind hell unterlegt.

Zum Verschieben können Sie aber auch die Tastenkombination für VERSCHIEBEN <STRG><F4> drücken. In der Statuszeile erscheinen jetzt mehrere Optionen.

Versch/kop 1 Satz 2 Absatz 3 Seite Abrufen 4 Spalte 5

Text 6 Rechteck: 0

Wenn Sie einen Satz, einen Absatz oder eine Seite verschieben, bzw. kopieren wollen, steuern Sie die Lichtmarke auf ein beliebiges Zeichen innerhalb des Textes, den Sie verändern wollen, und drücken die Sie entsprechende, in der Statuszeile angebotene, Zahl. Der Textteil wird hell unterlegt und in der Statuszeile erscheinen die Optionen

1 Verschieben 2 Kopieren 3 Löschen: 0

Verschieben bedeutet, daß der Textteil an dieser Stelle gelöscht wird und an anderer Stelle, wohin er verschoben werden soll, erscheint.

Kopieren bedeutet, daß der Textteil dupliziert wird, an dieser Stelle stehenbleibt und zusätzlich an anderer Stelle im Text erscheint.

Geben Sie jetzt die 1 für Verschieben ein, und der erste Satz im ersten Abschnitt verschwindet. Anschließend steuern Sie die Lichtmarke an das Ende des zweiten Absatzes. Drücken Sie erneut die Tastenkombination für VERSCHIEBEN <STRG><F4>. Es erscheinen wieder die Optionen in der Statusszeile.

Versch/kop 1 Satz 2 Absatz 3 Seite Abrufen 4 Spalte 5 Text 6 Rechteck: 0

Geben Sie jetzt die Zahl <5> ein, und rufen Sie Ihren Text ab. Steuern Sie jetzt mit der Lichtmarke den jeweils ersten Buchstaben des ersten und des letzten Satzes an, löschen mit der Taste <LÖSCH> diese Buchstaben und ersetzen sie mit einem kleinen i, bzw. großen L. Anschließend speichern Sie die Veränderungen unter der Datei brief.3 ab.

Ihr Schreiben sieht jetzt folgendermaßen aus:

In unserem Hause wurde zeitgleich "WordPerfect" vorgeführt, und der Repräsentant der Fix & Fertig Software hat sich angesichts der überlegenen Leistung dieses Programms Hals über Kopf verabschiedet. In buchstäblich jeder Disziplin, ob Schnelligkeit, Formatiermöglichkeit oder Druckersteuerung, war WordPerfect dem von Ihnen angebotenen Programm überlegen.

Da scheinen mir bei "Hexengriffel" Dichtung und Wahrheit etwas auseinanderzuklaffen. Kurz gesagt: "WordPerfect hält genau das, was "Hexengriffel" verspricht. Dieses Programm ist nach unserer bisherigen Erfahrung 1. leicht zu erlernen, 2. einfach zu bedienen, 3. Word Perfect hat eine Mailmerge- Funktion und 4. das Programm liest Texte automatisch Korrektur. Alle diese Vorteile haben uns bewogen, "WordPerfect" als Standard-Textprogramm in unserem Hause einzusetzen. leider müssen wir vom Erwerb Ihres Programms "Hexengriffel" Abstand nehmen.

Wollen Sie einen Teil des Schreibens duplizieren, etwa um Ihre Aussage zu verdeutlichen, verfahren Sie entsprechend. Sie wählen in diesem Fall statt der Option "Verschieben" einfach nur "Kopieren".

Block Löschen

WordPerfect bietet Ihnen die Möglichkeit, ganze Textabschnitte und Seiten zu löschen. Eine feine Sache, wenn Sie beispielsweise als Journalist Ihren Artikel kürzen müssen. Sie vermeiden das übliche Streichen auf dem Papier, sparen sich ein erneutes Abtippen des Textes – und natürlich bieten Sie Ihrem Abnehmer ein "Original" an. Markieren Sie mit der BLOCKFUNKTION <ALT><F4> den Text, und löschen Sie dann mit der Taste <LÖSCH>. WordPerfect fragt Sie in der Statuszeile

Löschen Block (J/N) N

Das Programm bietet die Option "Nein" an, denn Sie könnten es sich ja noch einmal anders überlegen. Wenn Sie sicher sind, geben Sie <J> ein, und der Text ist verschwunden.

Block Aufzeichnen

Die ersten Textverarbeitungsprogramme waren bei weitem nicht so leistungsfähig, wie heute WordPerfect – dennoch wurde in den Schreibbüros, in denen viel Korrespondenz bewältigt werden mußte, sofort der Vorteil der neuen Technik erkannt. Der Grund dafür war denkbar einfach: Bei gleichartigen Briefen, bzw. Briefen, die sich nur unwesentlich unterschieden, war es nun möglich, Textbausteine zusammenzustellen, als Dateien abzuspeichern und von Fall zu Fall wieder miteinander zu verknüpfen. Irgendwann in den siebziger Jahren rollte schließlich auf die Bundesbürger eine Welle persönlich gehaltener Briefe zu, die von Versicherungen und Versandhäusern stammten. Die dabei verwendeten Textsysteme kosteten mehrere hunderttausend Mark. Dennoch waren sie bei weitem nicht so leistungsfähig wie ein Personal Computer heute, der mit WordPerfect arbeitet.

Textbausteine zu entwickeln, abzuspeichern und zu kombinieren ist jedoch nur eine Art, einen neuen Brief oder ein neues Schriftstück aufzusetzen. Man kann auch umgekehrt verfahren und aus einem bestehenden Text Teile zur späteren Wiederverwendung speichern.

Sie wollen beispielsweise in einem kurzen Memo den anderen Abteilungen in Ihrem Hause mitteilen, weshalb sich Ihre Firma für WordPerfect entschieden hat. Dazu rufen Sie zuerst noch einmal den Brief auf:
<SHIFT><F10> Laufwerk:brief.3

16.5.88

Fa.
Fix & Fertig Software
z.Hd. Herrn J. Treukauf
Marktplatz 1

1234 Beispielstadt

Angebot Ihres Textverarbeitungsprogramms "Hexengriffel"

Sehr geehrter Herr Treukauf,

in unserem Hause wurde zeitgleich "WordPerfect" vorgeführt,
und der Repräsentant der Fix & Fertig Software hat sich
angesichts der überlegenen Leistung dieses Programms Hals
über Kopf verabschiedet. In buchstäblich jeder Disziplin, ob
Schnelligkeit, Formatiermöglichkeit oder Druckersteuerung,
war WordPerfect dem von Ihnen angebotenen Programm überlegen.

Da scheinen mir bei "Hexengriffel" Dichtung und Wahrheit
etwas auseinanderzuklaffen. Kurz gesagt: "WordPerfect hält
genau das, was "Hexengriffel" verspricht. Dieses Programm ist
nach unserer bisherigen Erfahrung 1. leicht zu erlernen, 2.
einfach zu bedienen, 3. Word Perfect hat eine Mailmerge-
Funktion und 4. das Programm liest Texte automatisch
Korrektur. Alle diese Vorteile haben uns bewogen,
"WordPerfect" als Standard-Textprogramm in unserem Hause
einzusetzen. Leider müssen wir vom Erwerb Ihres Programms
"Hexengriffel" Abstand nehmen.

Mit freundlichen Grüßen

Ihre Argumente im zweiten Absatz gefallen Ihnen nach wie vor, und Sie entschließen sich, den Text von "Dieses Programm.... bis ...einzusetzen" zu verwenden.

Mit der Lichtmarke fahren Sie zum ersten Buchstaben des ersten Satzes, drücken dann BLOCK <ALT><F4> und markieren mit <STRG><END> die nächsten fünf Zeilen und anschließend mit <STRG><> noch das Wort "einzusetzen." Diesen Text werden Sie nun zur späteren Verwendung abspeichern. Drücken Sie <F10>. In der Statuszeile erscheint die Anfrage

` Blockname:

Geben Sie dem Block die Bezeichnung Memo. Löschen Sie anschließend die Blockfunktion mit der Taste STORNO <F1>. Hinweis: Die Taste STORNO hat die Funktion, den zuletzt gegebenen Befehl, bzw. den Befehl, der noch nicht abgearbeitet wurde, rückgängig zu machen. Wenn Sie versehentlich auf eine Taste gedrückt haben, WordPerfect "verrückt spielt" und Sie mit einer Meldung überrascht , die Sie entweder nicht kennen - oder nicht nutzen wollen - dann hilft in den allermeisten Fällen ein Druck auf <F1>.

Doch nun an die Arbeit: Sie drücken die Tastenkombination <SHIFT><F4> und schreiben MEMO - ANSCHAFFUNG VON WORD PERFECT. Die Bezeichnung erscheint zentriert auf der Mitte des Bildschirms. Anschließend betätigen Sie die Zeilenschaltung dreimal <RETURN> und drücken dann, um den eben gespeicherten Textbaustein abzurufen, LADEN <SHIFT><F10> ein. Es erscheint die Aufforderung:

Zu ladendende Datei:

Sie schreiben "Memo" und bestätigen mit <RETURN>. Ihr Memo müßte jetzt so aussehen:

MEMO - ANSCHAFFUNG VON WORDPERFECT

Dieses Programm ist nach unserer bisherigen Erfahrung 1. leicht zu erlernen, 2. einfach zu bedienen, 3. Word Perfect hat eine Mailmerge-Funktion und 4. das Programm liest Texte automatisch Korrektur. Alle diese Vorteile haben uns bewogen, "WordPerfect" als Standard-Textprogramm in unserem Hause einzusetzen.

Textbausteine können beliebig oft verwendet und nach Lust und Liebe miteinander werden. Mit der Zeit werden Sie sich Ihre ganz persönliche Bibliothek an Bausteinen aufbauen.

Satz / Absatz / Seite verschieben und Kopieren

Wie beim Verschieben und Kopieren von Blöcken bereits angedeutet, kann mit WordPerfect ein Satz, ein Absatz und eine Seite verschoben oder kopiert werden. Sie fahren mit der Lichtmarke auf ein beliebiges

Zeichen innerhalb des zu bearbeitenden Textes und drücken VER-SCHIEBEN <STRG><F4>. Es erscheint die Statuszeile

Versch/kop 1 Satz 2 Absatz 3 Seite Abrufen 4 Spalte 5

Text 6 Rechteck: 0

Je nachdem, ob man einen Satz, einen Absatz oder eine Seite verschieben oder kopieren will, wählt man eine Ziffer zwischen 1 und 3. Wichtig in diesem Zusammenhang ist nur, daß Sie wissen, was das Programm unter einem Satz versteht: WordPerfect definiert einen Satz als Folge von Zeichen, die mit einem Punkt abgeschlossen wird, auf den eine Leerstelle folgt. Ein Absatz ist die Folge von Zeichen, Punkten und Leerstellen, die mit einer FESTEN NEUEN ZEILE [FNZ] vom folgenden Text getrennt ist. Eine Seite ist die Einheit von Absätzen, die durch das Steuerzeichen NEUE SEITE [NS] oder FESTE NEUE SEITE [FNS] gekennzeichnet ist. - Um Textverarbeitungsprogrammen die Erkennung von Sätzen zu erleichtern, ist man im Englischen mittlerweile dazu übergegangen, den Punkt in den Anreden Mr. und Mrs. fallenzulassen.

Nach der Auswahl der Nummer in der Statuszeile unterscheidet sich das Verschieben oder Kopieren von Satz, Absatz und Seite nicht im geringsten von dem, was bereits sinngemäß im Zusammenhang mit dem Verschieben und Kopieren von Blöcken gesagt wurde.

Umwandlung Groß/Kleinschreibung

WordPerfect bietet die Umwandlung von Klein- in Großschreibung (und umgekehrt) an, um bei der Gestaltung von Briefen Akzente zu setzen, die Aufmerksamkeit erregen. Die Umwandlung ist denkbar einfach: Sie markieren den Text, dessen Schreibweise Sie umwandeln wollen, mittels der BLOCKFUNKTION <ALT><F4> und Lichtmarkenbewegung und drücken dann UMSCHALTEN <SHIFT><F3>. In der Statuszeile erscheint die Option

Block 1 GROßBUCHSTABEN 2 Kleinbuchstaben: 0

Sie wählen <1> oder <2>, und je nachdem erscheint der unterlegte Text in Groß- oder Kleinschreibweise.

Block Fett

Zu Anfang haben Sie gesehen, wie im Brief die "Betreff- Zeile" fettgeschrieben wurde. Sie können natürlich auch im nachhinein einzelne Textpassagen auf Monitor und Papier in Fettschrift erscheinen lassen. Sie markieren den betreffenden Textteil mit BLOCKFUNKTION und Lichtmarke und drücken dann die Taste FETT <F6>. Der vorher unterlegte Text erscheint jetzt in Fettdruck.

Block Unterstreichen

Um einen Textteil zu unterstreichen, verfahren Sie ebenso. Zunächst markieren Sie den Text wieder, dann betätigen Sie die Taste UNTER-STREICHEN <F8>. Ihr Text erscheint unterstrichen.

Block Drucken

Es kann vorkommen, daß Sie in einem langen Manuskript gerne sehen möchten, wie sich ein bestimmter Teil des Textes macht, wenn er zu Papier gebracht ist. WordPerfect bietet die Option an einen Block zu drucken. Dazu verfahren Sie folgendermaßen: Sie zeichen den Textteil mit der BLOCKFUNKTION aus und drücken dann die Taste DRUCK <SHIFT><F7>. WordPerfect fragt Sie in diesem Fall

Block drucken? (J/N) N

Sie geben, wenn Sie einen Ausdruck des Textes wünschen, <J> ein. Wenn der Drucker angeschlossen und Papier eingelegt ist, wird der markierte Text ausgedruckt.

STEUERCODES

Jede Taste auf der Tastatur, die Sie anschlagen, übermittelt eine Meldung. Manche Tastenanschläge - etwa Buchstaben und Zahlen - werden direkt auf dem Monitor sichtbar, andere - wie etwa RETURN erscheinen nicht. Wichtig ist auch, daß Sie die mit der Leertaste eingegebenen Zeichen, die Sie nicht sehen, genauso löschen können wie die sichtbaren Zeichen. WordPerfect verwendet jedoch neben sichtbaren auch unsichtbare Codes - die man aber sichtbar machen und dann auch ändern kann. Im Anfang ist das Schreiben mit WordPerfect vielleicht deshalb etwas verwirrend, weil Sie unsichtbare Codes bei Änderungen mitgelöscht haben und nun nicht wissen, weshalb auf dem Bildschirm plötzlich ein ganz anderes Bild erscheint, als eine halbe Minute zuvor. Schalten Sie deshalb, bevor Sie Änderungen am Text vornehmen, die Kombination <ALT><F3>. Die unsichtbaren Steuerzeichen werden auf dem Bildschirm sichtbar. In der Mitte des Bildschirms erscheint das Zeilenlineal mit Tabulatorstops und Randeinstellung. Darüber sehen Sie sieben Zeilen Text: die Zeile, auf der die Lichtmarke steht, sowie die drei Zeilen davor und danach. Unter dem Zeilenlineal sind dieselben sieben Zeilen zu sehen, diesmal aber mit sämtlichen sonst unsichtbaren Steuerzeichen. Diese Steuerzeichen stehen in eckigen Klammern. Die Lichtmarke können Sie wie gewohnt bewegen. Sie haben jedoch die Möglichkeit, Steuerzeichen auch ganz bewußt zu löschen. Mit einem Tipp auf <RETURN> sind Sie schnell wieder in Ihrem Text. Die Steuerzeichen werden im Verlaufe Ihrer Arbeit mit WordPerfect immer wichtiger. Auch wenn Sie nach und nach die Zeichen auswendig kennen, ist es doch vielleicht gut, wenn die wichtigsten dieser Steuerzeichen einmal aufgelistet werden. Eine vollständige Auflistung finden Sie im Anhang dieses Buches.

Steuerzeichen	Bedeutung
[BedSE:n]	Bedingtes Seitenende (es werden n-Zeilen zusammengehalten)
[Block]	Blockanfang
[BlockAus]	Blocksatz aus
[BlockEin]	Blocksatz ein
[Datum:n]	Datum/Uhrzeit Funktion
[DefSpal:]	Spaltendefinition
[Durchstr][d]	Durchstreichen Anfang/Ende
[Einr]	Beginn der Einrückung links
[Einr	Beginn der Einrückung links/rechts
[EinrEnd]	Ende der Einrückung
[F][f]	Fett Anfang/Ende
[FNS]	Feste neue Seite
[FNZ]	Feste neue Zeile
[Pos SNr:n]	Position Seitennummer
[[R][r]	Anfang und Ende der Ausrichtung auf einerTab-Position
[RdEinst:n,n]	Neuer linker und rechter Rand
[dLös:n]	Linken Rand ausrücken
[Schriftn,n]	Schriftwechsel, Anderung der Schrittschaltung und/oder Schrift
[Seite zentr]	Text zwischen oberem und unterem Blattrand zentrieren
[SeitLg:n,n]	Seitenlänge (Blattlänge,Zeilenzahl)
[SNR]	Neue Seitennummer
[SpalAus]	Textspalten Ende
[SpalEin]	Textspalten Anfang
[TAB]	Sprung zur nächsten TAB-Position
[TabEinst]	Setzen neuer Tabulatoren
[Tief]	Tiefstellung eines Zeichens
[Trenn Aus]	Trennvorschlag aus
[Trenn Ein]	Trennvorschlag ein
[Unterdr:n]	Eine oder mehrere Angaben des Seitenformats für aktuelle Seite unterdrücken
[Unterstr.Art:n]	Unterstreichungsart ändern
[U][u]	Unterstreichen ein/aus
[ZA:n]	Zeilenabstand ändern
[Z][z]	Zentrieren ein/aus

FORMATIERUNG

Wenn Sie früher einmal gelernt haben Schreibmaschine zuschreiben, dann werden Ihnen Begriffe wie Randeinstellung,Tabulator, Unterstreichen, Randeinzug geläufig sein.WordPerfect beherrscht grundsätzlich alles, was eineSchreibmaschine auch kann. Darüber hinaus bietet ein Textverarbeitungsprogramm natürlich noch viel mehr.Funktionen, die man auf der Schreibmaschine mühsam von Handeingestellt werden müssen, gewinnen bei WordPerfect einevollkommen neue Dimension. Alle Einstellungen sind veränderbar - doch werfen wir zuerst einmal einen Blick auf die Standardvorgaben, die WordPerfect anbietet:

Schalten Sie Ihren Computer ein, laden Sie Betriebssystem und WordPerfect und drücken Sie dann Format Druck <STRG><F8>. Aufdem Bildschirm erscheint die Übersicht des Druck-Formats.

DRUCKFORMATIERUNG / STANDARD

Ob ein Brief den Erwartungen des Adressaten bzw. Absenders genügt, hängt nicht nur vom Inhalt, sondern ganz maßgeblich auch von der Gestaltung ab. Die Option "Druckformat" bietet Ihnen hierzu eine ganze Reihe von Möglichkeiten, Ihr Schreiben

```
Druck-Format

    1 - Schrittschaltung (Pitch)  18
        Schrift                    1

    2 - Zeilen pro Zoll            6

    Blocksatz                      Aus
    3 - Aus
    4 - Ein

    Unterstreichungsart            5
    5 - Wortweise, einfach
    6 - Wortweise, doppelt
    7 - Durchgehend, einfach
    8 - Durchgehend, doppelt

    9 - Schacht-Nr, EB-Einzug      1

    A - Druckerbefehl einfügen

    B - Zellennumerierung          Aus
Auswahl: 0
```

Bild 2: Druck-Format

nach ganz persönlichen Gesichtspunkten zu gestalten.

WordPerfect bietet im Menü "Druck-Format" einige Standards an, die Sie aber mühelos Ihren eigenen Bedürfnissen anpassen können. Allerdings muß Ihr Drucker diese Variationsspanne auch bieten. Die Installation der verschiedenen Schriften erfolgt gleichzeitig mit der Installation Ihres Druckers bei der Druckeranpassung. Im Augenblick möchte ich davon ausgehen, daß Sie die Druckerbeschreibung des Ihnen zur Verfügung stehenden Druckers gefunden haben. Ein kurzer Hinweis: nicht alle Drucker können alle von WordPerfect angebotenen Schriften auch drucken. Typenraddrucker können natürlich nur die Schrift des jeweils installierten Typenrades zu Papier bringen. Die meisten Matrixdrucker und auch Non-Impact-Drucker, beispielsweise Laserdrucker, können hingegen von der hier angebotenen Option Gebrauch machen. Wenn sich dennoch Probleme ergeben, dann sollten Sie den Händler aufsuchen, der den Drucker im Angebot hat, und sich im Geschäft nach den Möglichkeiten bei Verwendung von WordPerfect erkundigen. Man wird Ihnen dort gerne weiterhelfen.

Zuvor können Sie jedoch schnell überprüfen, was Ihr Drucker kann und was nicht. Auf der Diskette "LEARNING" befinden sich zwei Dateien PRINTER.TST und FONT.TST. Laden Sie WordPerfect, und wählen Sie dann mit <F5><RETURN>,<1> auf der Diskette LEARNING die Datei PRINTER.TST. Wenn Sie Ihre WP- Dateien auf Festplatte geladen haben, gehen Sie mit <F5><ENTER>,<1> in das Dateiverzeichnis Ihrer Festplatte und laden PRINTER.TST von dort. Um Ihren Drucker zu testen, geben Sie einfach den Druckbefehl <SHIFT><F7>, und Sie sehen, zu welchen Leistungen Ihr Drucker befähigt ist.

FONT.TST zeigt, in welcher Form alle Zeichen in einer bestimmten Schriftart ausgegeben werden. Rufen Sie FONT.TST in der eben beschriebenen Weise auf und ändern Sie dann über <STRG><F8> die Schriftart. Lassen Sie das Ergebnis ausdrucken.

Die Schriften werden unterschieden nach Schriftart (Roman, San Serif), Schrittschaltung (Pitch - Zeichendichte pro Zoll) und Schriftgröße.

Von WordPerfect werden standardmäßig die Schrift 1 und eine Zeichendichte von 10 Zeichen pro Zoll angeboten. Möchten Sie eine andere Schrift oder eine andere Zeichendichte wählen, dann drücken Sie <1> - ihre Lichtmarke blinkt jetzt auf der Position Schrittschaltung. Diese kann gewechselt werden. Mit dem Cursor <↓> können Sie die nächste Zeile ansteuern.

Zeichendichte

Unter <1> "Schrittschaltung" wählen Sie die Zeichendichte - üblicherweise 10,12,13 und 15 Zeichen pro Zoll. Nachdem Sie die Schrittschaltung verändert haben, können Sie Ihren Text mit dem Druckmenü <SHIFT><F7> ausdrucken lassen. Entspricht das Ergebnis nicht Ihren Erwartungen, dann bedenken Sie, daß Zeichendichte und Schriftart oft von einander abhängen und gemeinsam gewechselt werden müssen. Angaben hierzu finden Sie im Handbuch Ihres Druckers.

Schriftart

WordPerfect kann bis zu acht verschiedene Schriftarten verwalten, denen die entsprechenden Ziffern 1-8 zugeordnet sind. Wie bereits oben ausgeführt, wurden mit der Druckerinstallation Ihres Druckers auch die Schriften in den Katalog von WordPerfect aufgenommen. Die Schriften variieren in Größe, Weite, Aussehen und können unter Umständen auch proportional sein.

Am besten Sie probieren aus, wie die einzelnen Schriften auf Ihrem Drucker dargestellt werden. Wählen Sie "Druck-Format" <STRG><F8>,<1>,<> und wählen <2>. Schreiben Sie "Schrifttest". Schalten Sie in eine neue Zeile und wiederholen Sie diesen Vorgang siebenmal. Lassen Sie dann das Ergebnis ausdrucken. Sie werden die Ihnen zur Verfügung stehenden Schriften kennenlernen.

HINWEIS: Ausgewählte Schriften sind mitunter von der Zeichendichte abhängig. Wenn der linke Rand bei verschiedenen Schriften nicht bündig ist, verzweifeln Sie nicht, sondern schauen im Druckerhandbuch nach, welche Zeichendichte den einzelnen Schriften zugeordnet ist.

Wenn Ihr Drucker Proportionalschrift unterstützt (werfen Sie bitte einen Blick in Ihr Druckerhandbuch, und vergewissern Sie sich hinsichtlich der Zeichendichte), dann können Sie mit WordPerfect die Option "Proportionalschrift" direkt wahrnehmen. Hierzu versehen Sie die entsprechende Zeichendichte mit einem Sternchen: beispielsweise 12*.

Wenn Sie Schriftart und Schrittweite ändern, müssen Sie normalerweise ebenfalls eine andere Randstellung wählen. Bei 12 Pitch sollten Sie die Randsteller auf 12 und 89 setzen, bei 15 Pitch auf 15 und 112. Auf diese Weise bleibt auf dem Blatt links und rechts ein Rand von 1 Zoll.

Wenn Sie Zeichendichte und Schriftart gewählt haben, blinkt die Lichtmarke wieder in der letzten Zeile

Auswahl: 0.

Sie verlassen nun das Menü Druck-Format durch Drücken der <LEERTASTE> oder der Taste <RETURN>.

Zeilendichte

Mit der Option 2 des Druck-Formats bestimmen Sie den Walzenvorschub. Bei einer Schreibmaschine und auch beim Drucker wird die Zeilendichte in Zeilen pro Zoll angegeben. Standard bei WordPerfect ist die Zeilendichte von 6 Zeilen pro Zoll, was dem üblichen einzeiligen Abstand auf der Schreibmaschine entspricht. Bei der ungefähren Länge eines DIN A4-Blatts von 12 Zoll kann eine Seite mit 72 Zeilen beschriftet werden.

Die Zeilendichte kann mit <2>,<8>,<STRG> bei WordPerfect auf 8 Zeilen pro Zoll geändert werden, so daß nun 96 Zeilen auf eine DIN A4-Seite passen. Andere Zeilendichten werden von WordPerfect nicht akzeptiert. Die Lichtmarke springt anschließend wieder in die letzte Zeile des Menüs.

Die angegebenen Werte von 72 Zeilen bei einer Zeilendicht von 6 und von 96 Zeilen bei einer Zeilendichte von 8 sind Bruttowerte, bei denen ein oberer und unterer Blattrand nicht berücksichtigt wird. Standardmäßig sind bei WordPerfect ein oberer und unterer Blattrand von 1 Zoll vorgesehen, so daß Ihnen bei normalerweise 58 Zeilen zur Verfügung stehen. Bei einer Zeilendichte von 8 Zeilen pro Zoll erhöht sich diese Anzahl auf 80.

Blocksatz

Mit der Tastenkombination <STRG><F8>,<4> schalten Sie den Blocksatz ein, mit <STRG><F8>,<3> schreiben Sie wieder mit Flattersatz. Unter Blocksatz versteht man diebeidseitig bündige Ausrichtung des Textes. Standardmäßig ist diese Funktion bei WordPerfect ausgeschaltet, der Text wird also so ausgedruckt, wie sie ihn auf dem Bildschirm sehen.

Durch die Einschaltung des Blocksatzes werden die einzelnen Wörter Ihres Textes durch Einfügung von Leerstellen so verschoben, daß der rechte Rand ausgeglichen ist. Da in der deutschen Sprache oft recht lange Wörter benutzt werden, kann dies zur Folge haben, daß in Ihrem Text unschöne Lücken entstehen. Dies ist besonders dann der Fall, wenn Sie von der Trennoption keinen Gebrauch machen.

Wenn Sie sehen wollen, wie ein Text im Blocksatz ausgedruckt aussieht, rufen Sie die Datei BRIEF.3 auf, gehen Sie mit der Lichtmarke an den Anfang des Textes und geben <STRG><F8>,<4> ein. Der eingeschalte Blocksatz wird im Text durch den versteckten Code [BlockEin] sichtbar gemacht - Tastenkombination <ALT><F3>. Geben Sie den Druckbefehl (Drucker eingeschaltet, Papier eingelegt?) <SHIFT><F7>,<1> ein.

Unterstreichen

WordPerfect bietet insgesamt vier Optionen der Unterstreichung: Wortweise einfach/doppel und Durchgehend einfach/doppelt. Die vom Programm angebotene Standardeinstellung ist "wortweise einfach". Auch hier werden die Veränderungen, die Sie vornehmen, im Text mit versteckten Codes angezeigt. [Unterstr.Art:n]

Automatischer Blatteinzug

Der Preisverfall bei Einzelblatteinzügen in den letzten Jahren hat dazu geführt, daß Endlospapier langsam aus der Mode kommt und immer mehr Drucker mit automatischem Einzelblatteinzügen verwendet werden. Die preiswerteste Lösung ist ein Einschachteinzug, es gibt aber auch Zwei- und Mehrfacheinzüge. Mit der Option 9 können Sie den entsprechenden Befehl geben, welches Fach des Einzelblatteinzugs angesteuert werden soll. Der versteckte Code, der eine solche Änderung anzeigt, sieht so aus:

[SchachtNr:2]

Druckerbefehl Einfügen

Matrix- und Laserdrucker verfügen über eine Fülle unterschiedlicher Funktionen, die Sie über die Eingabe <A> eingeben können. Der im Text nicht sichtbare, versteckte Code für einen solchen Befehl erscheint so: [Befehl:n]

Zeilennumerierung

Wenn Sie im Menü Druck-Format .<B> eingeben, erscheint ein Untermenü, mit dem Sie Einfluß auf die Zeilennumerierung nehmen können. Bei WordPerfect ist die Zeilennumerierung standardmäßig ausgeschaltet.

Eine Zeilennummerierung benötigen Sie vor allem, wenn Sie professionell schreiben - für Zeitungen, Verlage und Werbeagenturen. Oft dürfen bestimmte Vorgaben, was die Länge der Artikel angeht, nicht überschritten werden. WordPerfect bietet Ihnen hierzu einen schnellen Überblick. Gleichzeitig

```
Zeilennumerierung

   1 - Ausschalten        Aus
   2 - Einschalten

   3 - Leerzeilen zählen? J

   4 - Jede n-te Zeile numerieren, wobei n = 1

   5 - Abstand der Nummer vom linken Rand: 6
       (in Zehntelzoll)

   6 - Jeweils ab Seitenanfang neu numerieren? J




Auswahl: 8
```

Bild 3: Menü Zeilennumerierung

bedeutet ein Ausdruck mit Zeilennumerierung für den Redakteur Arbeitsersparnis. Mit einem Blick kann er sich informieren, ob der Platz, der noch zur Verfügung steht, noch ausreicht, den gesamten Text zu übernehmen, oder ob gekürzt werden muß.

Mit <2> schalten Sie die Zeilennumerierung ein. Die Option <3> fragt, Sie ob Leerzeilen mitgezählt werden oder ob nur Textzeilen gezählt werden sollen. Wenn Sie <4> eingeben, gefolgt von einer beliebigen Zahl - etwa <5> - , dann erscheint die Zeilennummer nur bei jeder n-ten Zeile. In unserem Beispiel wären das 5 ,10 ,15 ,20 usw. Mit der Anwahl <5> können Sie den Abstand der Zeilenziffer vom linken Rand variieren. Die Option <6> bietet Ihnen an, entweder den Text von Anfang bis Ende zu zählen, oder auf jeder neuen Seite von vorne zu beginnen.

ZEILENFORMAT / STANDARD

Über die Tastenkombination <STRG><F8> erreichen Sie die Menüzeile Zeilenformat.

1 2 Tabs 3 Ränder 4 Zeilenabstd. 5 Trennung 6 Ausrichtzeichen: 0

In ihr lassen sich verschiedene, von WordPerfect vorgegebene, Einstellungen verändern.

TABULATOREN SETZEN

Wenn Sie aus der Menüzeile "Zeilenformat" die Option <1> eingeben, erscheint das Menü zur Tabulatoreinstellung auf dem Monitor.

Die von WordPerfect bereits gesetzten Tabulatoren werden durch "L" angezeigt, wobei bis Position 160 alle fünf Schrittschaltungen ein Tabulator eingerichtet ist, danach bis Position 250 alle zehn Schrittschaltungen. Sie können das Zeilenlineal durch<-→>nach rechts bis auf Postion 250 verschieben.

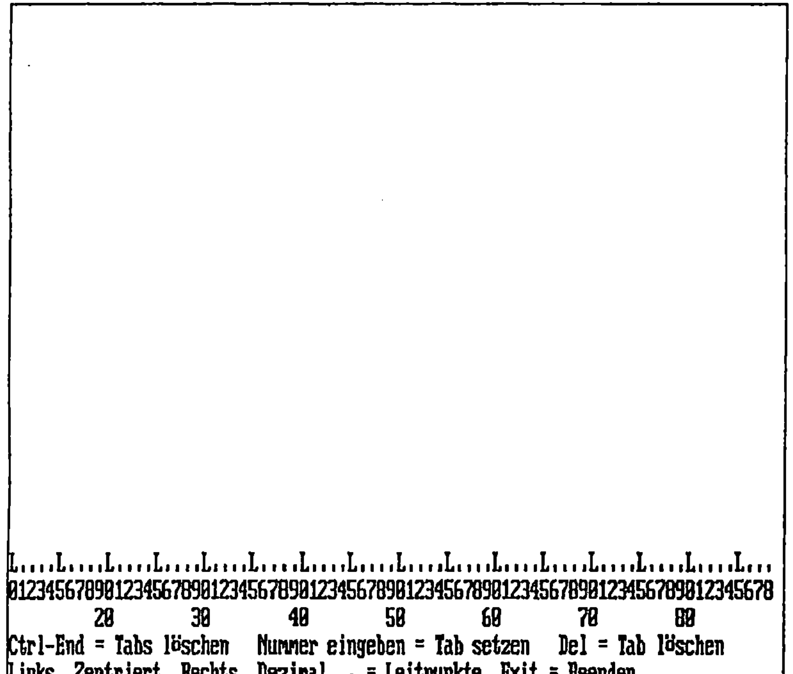

Bild 4:Tabulatoreinstellung

Unterhalb des Zeilenlineals befindet sich eine Kurzanleitung, wie Sie beim Setzen und Löschen der Tabulatoren vorgehen können.

TABULATOREN LÖSCHEN

Bevor Sie Ihre gewünschten Tabulatoren setzen können, löschen Sie zuerst am besten diejenigen, die von WordPerfect angeboten werden. Hierzu bietet das Programm zwei Möglichkeiten:

Um einzelne der bereits eingerichteten Tabulatoren zu löschen, steuern Sie mit dem Cursor <→> oder <←> das entsprechende "L" an und löschen es mit mit den Tasten <RÜCK>, wenn die Lichtmarke hinter dem L blinkt, oder <LÖSCH>, wenn die Lichtmarke genau unter dem L steht.

Wenn Sie alle Tabulatoren in der gesamten Zeile löschen wollen, gehen Sie mit der Lichtmarke an den Zeilenanfang und drücken <STRG><END>. Das Löschen erfolgt immer von der Postion der Lichtmarke ab nach rechts, bis an das Ende der Zeile.

Um jeden Irrtum auszuschließen: Sie können natürlich so viele Tabulatoren zu den bereits gesetzten hinzufügen, wie die Zeile Stellen hat - also bis zu 250. Beim Betätigen der Taste <TAB> wird nacheinander jeder der gesetzten Tabulatoren angesteuert.

TABULATOREN SETZEN

Es gibt mehrere Möglichkeiten, wie Sie Tabulatoren setzen können:

- Fahren Sie mit der Lichtmarke an die betreffende Stelle und geben Sie "T" ein. Es ist einerlei, ob Sie kleine oder Großbuchstaben verwenden. WordPerfect trägt den neuen Tabulatorstop richtig ein.

- Geben Sie die gewünschte Nummer im Zeilenlineal ein, an der Sie einen Tab-Stop wünschen, und drücken Sie anschließend <RETURN>. Der Tabulator erscheint an der richtigen Position.

- Wenn Sie Tabulatoren von einer bestimmten Stelle an in regelmäßigen Abständen einrichten wollen, geben Sie die betreffende Nummer ein, dann ein Komma und anschließend die Zahl der freien Stellen bis zum nächsten Tab-Stop. (20,10 beispielsweise - dann erscheint der erste Tabulator auf Position 20, alle weiteren folgen jeweils im Abstand von zehn Anschlägen.)

Die Tabulatoren sind solange wirksam, bis sie erneut geändert werden. Achten Sie bitte beim Setzen der Tab-Stops darauf, an welcher Stelle sich Ihre Lichtmarke befindet. Mit <F7> gelangen Sie in den Text zurück.

RÄNDER

Mit der Tastenkombination <SHIFT><F8>,<3> erreichen Sie über das Zeilenmenü direkt die Randeinstellung. WordPerfect zeigt den versteckten Code für die Randeinstellung, dann die gegenwärtig eingerichteten Ränder und erkundigt sich nach dem neu einzurichtenden linken Rand.

[RdEinst] 10 70 nach links =

Wenn Sie jetzt eine 15 eingeben und mit <RETURN> bestätigen, richten Sie den linken Rand in Ihrem Text so lange auf Position 15 ein, bis Sie den Rand erneut ändern.

HINWEIS: Schalten Sie Ihren Computer ab oder beenden Sie Ihre Textdatei und speichern diese ab, setzt das Programm automatisch die Standardränder 10/74. Diese Angaben können dauerhaft nur über das Menü zur Einrichtung neuer Standardangaben geändert werden.

Wenn Sie die 15 eingegeben haben, fragt WordPerfect Sie:

rechts =

Geben Sie 75 ein, gefolgt von <RETURN>, dann haben Sie beide Ränder erfolgreich verändert.

ZEILENABSTAND

Den Zeilenabstand ändern Sie mit der Ziffer <4>. Es folgt das verdeckte Zeichen für Zeilenabstand [ZA], gefolgt von der gegenwärtigen gültigen Angabe. Die Lichtmarke blinkt unter dieser Zahlenangabe, Sie brauchen also nur eine neue Zeilenangabe einzugeben und mit <RETURN> bestätigen.

Mit Zeilenabstand bezeichnet man die Folge von Abständen, die nötig sind, um zum Anfang der folgenden Seite zu gelangen, also den Papiervorschub. Je nach Schreiben werden einzeiliger, zweizeiliger oder mehrzeiliger Zeilenabstand verwendet. Einzeiliger Abstand ist in Briefen gebräuchlich, Manuskripte werden meist anderthalbzeilig (auch das gibt es!) oder zweizeilig geschrieben. Wird der Zeilenabstand in halben Schritten geändert, erscheint er auf dem Bildschirm zweizeilig.

TRENNUNG

Der automatische Zeilenumbruch, den Sie bereits bei der ersten Texteingabe kennengelernt haben, bewirkt, daß WordPerfect Wörter, die nicht mehr in die Zeile passen, automatisch in die nächste übernommen werden. Da die deutsche Sprache - anders übrigens als die englische - mehr zusammengesetzte Wörter kennt, entstehen so oft Lücken im Text, die normalerweise durch Trennung vermieden werden.

Sie können manuell trennen, indem Sie, wenn Sie ans Zeilenende gelangen, einen Trennstrich positionieren: <STRG><->. Dieser Trennstrich ist im normalen Text unsichtbar und erscheint nur, wenn das Wort am Zeilenende tatsächlich getrennt wird.

WordPerfect bietet darüber hinaus einen halbautomatische und eine automatische Trennung an, die Sie jedoch aktivieren müssen. Geben Sie <SHIFT><F8>,<5> ein, und es erscheint die Menüzeile des Trennprogramms.

[RZEinst] 7,0 Aus Auto 1 Ein 2 Aus 3 Randzone 4

Trennvorschlag 5 Auto: 0

<1> schaltet die Trennung ein, <2> aus. Bei eingeschalteter Trennung übernimmt WordPerfect das zu lange Wort nicht automatisch in die nächste Zeile, sondern fordert Sie auf, einen Trennstrich durch Drücken der Taste <EING LÖSCH> zu positionieren. Dabei erscheint das zu trennende Wort in der Statuszeile.

Trennstrich postitionieren; Esc drücken

Mit der Lichtmarke fahren Sie nach links an die grammatika- lisch richtige Stelle und trennen das Wort.

RANDZONEN EINSTELLEN

Die Randzoneneinstellung [RZEinst] gibt die Höchstzahl der zulässigen Schritte an, die WordPerfect für den Trennvorschlag zur Verfügung stehen. Die vom Textprogramm angebotene Standardeinstellung ist 7. Sie ändern diese Randzone durch Anwählen von Ziffer <3> aus der Menüzeile. WordPerfect fragt Sie dann nach der neuen Einstellung:

[RZEinst] 7,0 nach links =

Geben Sie die linke und die rechte Randzone ein und bestätigen Sie jeweils mit <RETURN>. Der linke Rand bezeichnet den Raum vor der aktuellen Randeinstellung, der rechte Rand den Platz dahinter. Die Trennung richtet sich in erster Linie nach der Länge des zu trennenden Wortes und danach, in welchem Bereich das Wort anfängt. Ein Wort wird dann zur Trennung angeboten, wenn es vor dem linken Rand beginnt und hinter dem rechten Rand endet. Die Standardeinstellung von WordPerfect stellt einen brauchbaren Kompromiß dar. Um die gesamte Randzone gut überblicken zu können, sollten Sie den rechten Rand möglichst auf 0 stellen.

Verkleinern Sie diese Zahl, dann erhalten Sie eine häufigere Trennung in ihrem Text, und die Abstände zwischen den einzelnen Wörtern bei Blocksatz werden kleiner. Bei Flattersatz reduzieren sich die Lücken am Zeilenende.

AUTOMATISCHE TRENNUNG

Mit der Tastenkombination <SHIFT><F8>,<5>,<5> gelangen Sie in das automatische Trennprogramm. Jetzt wird WordPerfect die meisten Trennungen automatisch durchführen. Allerdings kennt das Programm nicht sämtliche Trennregeln der deutschen Grammatik, so daß Sie auch hier noch manchmal aufgefordert werden, einen Trennstrich zu positionieren.

AUSRICHTZEICHEN

Mit der Eingabe von <6> in der Menüzeile Zeilenformat können Sie das Ausrichtzeichen - normalerweise ein Komma - aktivieren, durch das Text und Zahlenkolonnen auf eine Tabulatorposition ausgerichtet werden können.

TEXT AUSRICHTEN

Eine weitere Möglichkeit - etwa um Text auszurichten - ist mit der Tastenfolge <STRG><F6> gegeben. Bei Rechnungen sollen Zahlen beispielsweise auf der Tabulatorposition 40 untereinander geschrieben werden. Als Ausrichtzeichen haben Sie bereits, wie oben beschrieben das Komma gewählt. Nun fahren Sie mit mehrmaligem Drücken von <STRG><F6> an die entsprechende Stelle und geben die Rechnungsbeträge ein. Sie sehen, die Zahlen werden, am Ausrichtzeichen orientiert, untereinander geschrieben. Nach der ersten Zeile drücken Sie <RETURN> und wiederholen den Vorgang.

150,70

20,80

WEITERE FORMATIERUNGSMÖGLICHKEITEN

Der gestalterischen Freiheit sind bei WordPerfect kaum Grenzen gesetzt. Sie können Text zentrieren, Text am linken oder rechten Rand einziehen und Text rechtsbündig schreiben.

Wenn Sie nur ein Wort oder eine Zeile zentrieren wollen, drücken Sie <SHIFT><F6>, schreiben den Text, und WordPerfect zentriert automatisch. Durch erneutes Drücken der Tastenkombination schalten Sie die Funktion wieder aus.

Bei längeren Abschnitten zeichnen Sie bitte den Text mit der Blockfunktion <ALT><F4> aus und geben danach ZENTRIEREN <SHIFT><F6> ein. WordPerfect fragt Sie nun in der Statuszeile

[Zentr?] (J/N) N

Wenn Sie jetzt ein <J> eingeben, ist der gesamte Absatz zentriert.

Eine beliebte Möglichkeit, Textpassagen hervorzuheben, besteht in der Einrückung der Passage. Mit WordPerfect geht so etwas im Handumdrehen. Um den Text am linken Rand einzurücken, geben Sie <F4> ein. Die Lichtmarke springt bei jedem erneuten Drücken fünf Schritte weiter. Durch erneutes Drücken von <F4> oder <RETURN> verlassen Sie die Funktion wieder. Bei bereits geschriebenen Textpassagen gehen Sie folgendermaßen vor: Sie fahren mit der Lichtmarkensteuerung auf den ersten Buchstaben des Abschnitts, drücken <F4> und springen dann mit der Lichtmarke an das Ende des einzurückenden Textes: fertig.

Sie können den Text auch beidseitig einrücken: Drücken Sie hierzu <SHIFT><F4> und verfahren Sie entsprechend. Der linke und der rechte Rand erscheinen in gleichmäßigen Schritten eingezogen.

Um einen Text rechtsbündig zu schreiben, betätigen Sie bitte die Tastenkombination <ALT><F6>, und die folgende Zeile orientiert sich am rechten Rand.

Ganz einfach, nicht wahr?

Wollen Sie einen ganzen Absatz rechtsbündig anordnen, markieren Sie den Text mit der Blockfunktion <ALT><F4> und geben anschließend <ALT><F6> ein. WordPerfect fragt

[Rebdg]? (J/N) N

Bestätigen Sie mit <J>.

HINWEIS: WordPerfect stellt Ihnen eine große Auswahl an Formatiermöglichkeiten zur Verfügung. Die Befehle erscheinen nicht im Text, sind aber jederzeit mit Tastenkombination STEUERZEICHEN <ALT><F3> sicht bar zu machen.

SEITENFORMAT / STANDARD

Abgesehen von der Textformatierung bietet ein modernes Textverarbeitungsprogramm die Möglichkeit Seiten zu formatieren und so dem Ausdruck ein individuelles Aussehen zu geben. Zur Seitenformatierung gehören die Einstellung des oberen und unteren Blattrandes, Änderung der Seitenzahlen, die Eingabe von Kopf- und Fußzeilen und die Vermeidung von Schusterjungen und Hurenkindern. - Schusterjungen sind die ersten Zeilen von Absätzen, die am Ende einer Seite, Hurenkinder die letzten Zeilen von Absätzen, die auf der folgenden Seite stehen. Die Seitenformatierung spielt in der Textverarbeitung eine zentrale Rolle, so daß in den folgenden Kapiteln immer wieder darauf eingegangen werden wird. An dieser Stelle sollen nur die grundsätzlichen Funktionen vorgestellt werden.

Das Menü SEITENFORMAT erreichen Sie durch die Tastenkombination <ALT><F8>. Auf dem Monitor erscheint jetzt Bild 5.

Die im Seitenformat angebotenen Änderungen beziehen sich auf Standardangaben von WordPerfect. Bei Anwählen der einzelnen Zahlen erscheinen neue Menüs auf dem Bildschirm.

```
Seitenformat

   1 - Position Seitennummer

   2 - Neue Seitennummer

   3 - Zentrieren zu, oberen und unteren Blattrand

   4 - Seitenlänge

   5 - Oberer Blattrand

   6 - Kopf-/Fußtext

   7 - Zeichenposition Seitennummer

   8 - Seitenformat für aktuelle Seite unterdrücken

   9 - Bedingtes Seitenende

   A - Absatzschutz

Auswahl: 0
```

Bild 5: SEITENFORMAT

POSITION SEITENNUMMER

Beim Schreiben von längeren Texten, Manuskripten und Büchern empfiehlt es sich, die Seiten durchzunumerieren. Das erleichtert nicht nur das Auffinden bestimmter Passagen, es ist in Verbindung mit Inhalts- und Stichwortverzeichnissen unerläßlich. Gehen Sie also mit <ALT><F8> ins Menü SEITENFORMAT und wählen Sie dann <1>. Es erscheint das Untermenü zur Seitennumerierung.

```
Position Seitennumerierung

   0 - Keine Seitennumerierung

   1 - Oben links jede Seite

   2 - Oben Mitte jede Seite

   3 - Oben rechts jede Seite

   4 - Oben abwechselnd links und rechts

   5 - Unten links jede Seite

   6 - Unten Mitte jede Seite

   7 - Unten rechts jede Seite

   8 - Unten abwechselnd links und rechts



Auswahl: 0
```

Bild 6: Position Seitennumerierung

Durch Wahl der entsprechenden Zahl wird die Art der Seitennummerierung gewählt. Wenn Sie diese Zahl eingegeben haben, kehrt WordPerfect automatisch zum vorhergehenden Menü SEITENFORMAT zurück.

Die Eingabe <0> bewirkt, daß eine vorhergehende Seitennummerierung wieder ausgeschaltet wird. Mit <0> können Sie beispielsweise in einem längeren Text die Seitennummerierung nach Zählen der ersten zehn Seiten wieder abschalten. Im übrigen erklären sich die hier angebotenen Optionen von selbst.

Sie sollten die Ziffern <4> und <8> nur dann wählen, wenn Ihr Text entweder in Buchform erscheinen oder beidseitig kopiert werden soll.

Die Wahl der Ziffer <2> und <8> fügt beim Ausdruck einen Code ein, der bewirkt, daß die Seitenzahl immer in der Spalte 42 am oberen oder unteren Blattrand gedruckt wird. Diese Seitenzahlen werden lediglich beim Ausdruck sichtbar. Allerdings bietet WordPerfect die Möglichkeit, sich das Druckbild vorweg anzuschauen: Die Tastenkombination <SHIFT><F7>,<6> bringt eine Vorschau.

HINWEIS: Bei der Verwendung von Seitenzahlen belegt die Numerierung zwei Druckzeilen - die der Seitenzahl und eine Leerzeile. Ihnen stehen damit nicht mehr die üblichen 58 Zeile pro DIN A4 Seite zurVerfügung, sondern nur noch 56 Zeilen.

NEUE SEITENNUMMER

Wenn Sie längere Texte schreiben, empfiehlt es sich, die einzelnen Kapitel in Dateien zu organisieren. WordPerfect ist zwar ein schnelles Programm, doch selbst bei der Verwendung einer Festplatte kommt es sonst vor, daß man unangenehm lange warten muß, bis das System Änderungen gespeichert hat. In diesem Zusammenhang ist die Vergabe von neuen Seitennummern eine nützliche Sache. Sie haben beispielsweise die ersten drei Kapitel eines Buches "Meine Erfahrung mit WordPerfect" geschrieben und haben den Text auf drei Dateien verteilt. Sie rufen die erste Datei auf, drücken SEITENFORMAT <SHIFT><F8>, wählen mit <1> die Position und gehen mit <ENTER> in Ihre Textdatei zurück. Dann springen Sie mit der Lichtmarke zum Ende der Datei und merken sich die Nummer der letzten Seite. Bei der zweiten Datei verfahren Sie genauso, drücken aber nach der Wahl der Position der Seitenzahl <2>. WordPerfect fragt Sie nun

Auswahl: 2

Neue Seiten-Nr:

Sie geben die Nummer der nächsten Seite ein, drücken <RETURN> und Word Perfect numeriert die Seiten der zweiten Datei. Die Seitennumerierung kann in römischen oder arabischen Ziffern erfolgen.

ZENTRIEREN ZWISCHEN OBEREM UND UNTEREM BLATTRAND

Diese Funktion werden Sie relativ selten benötigen. Sie dient hauptsächlich der Beschriftung von Deckblättern und Titelseiten. Durch die Tastenkombination <ALT><F5>,<3> wird der Text der betreffenden Seite in der Blattmitte zentriert. Auf dem Bildschirm werden Sie keine Veränderung feststellen. Sie können sich aber vergewissern, ob das System den

Befehl befolgt hat, indem Sie über die Tastenkombination <ALT><F3> STEUERZEICHEN sichtbar machen, oder die VORSCHAU <SHIFT><F7>,<6> bemühen.

SEITENLÄNGE

Mit der Bestimmung der Seitenlänge können Sie den Erfordernissen des Papiers, das Sie verwenden, Rechnung tragen. Endlospapier ist etwas länger als das übliche DIN A4-Format. Die Standardeinstellungen bei Word-Perfect gehen von einer DIN A4 Seite aus. Drücken Sie die Tastenkombination für SEITENLÄNGE <ALT><F8>,<4>, dann erscheint folgendes Menü auf Ihrem Bildschirm.

```
Seitenlänge

    1 - Einzelblatt: Seitenlänge = 70 Zeilen
        Zeilenzahl  = 58 (einzeilig)
        (Schließt Kopf-/Fußtext und Zeilen für die Seitennummern ein.)

    2 - Endlospapier: Seitenlänge = 72 Zeilen
        Zeilenzahl  = 60 (einzeilig)
        (Schließt Kopf-/Fußtext und Zeilen für die Seitennumerierung ein.)

    3 - Andere (Max. Seitenlänge = 108 Zeilen.)

Aktuelle Angaben

    Seitenlänge in Zeilen (6 pro Zoll): 70

    Zeilenzahl (einzeilig):         58



Auswahl: 0
```

Bild 7: Seitenlänge

Wie schon erwähnt, bezieht sich die Seitenlänge auf die gesamte Seite. Bei sechs Zeilen pro Zoll sind das bei einem DIN A4 Blatt insgesamt 70 Zeilen. Diese Zeilen stehen beim Ausdruck jedoch nicht zur Verfügung, da die Zeilen für den oberen und unteren Rand (je 6) abgezogen werden müssen. Weiterhin ist zu beachten, daß auch Kopf- und Fußzeilen, sowie die Seitennumerierung innerhalb des Satzspiegels von 58 Zeilen erfolgen.

Die Seitenlänge bei Endlospapier ist etwas größer, so daß hier die Zeilenzahl pro Seite etwa bei 60 liegt - dies nur als Hinweis. Normalerweise gehen sämtliche Standards in der Bundesrepublik von der Verwendung des DIN A4 Formats aus. Wenn Sie also Briefpapier drucken lassen, Rechnungsbögen verwenden wollen oder Adreßaufkleber benutzen, können Sie sich bei der Druckerei darauf verlassen, daß man darauf achtet, daß auch die kleineren Formate einen Bezug zu DIN A4 haben. Mit WordPerfect und dem entsprechenden Drucker ist es dann ohne weiteres möglich, diese "Vordrucke" zu beschriften.

Bei der Entscheidung für ein anderes Ausgabeformat als das von WordPerfect vorgeschlagene, sollten Sie die Zeilen für den oberen und unteren Rand nicht vergessen. Der obere Rand kann auch mit einem anderen Menü geändert werden, der untere Rand hingegen nur durch das Verändern der Anzahl der Textzeilen.

OBERER BLATTRAND

Für den oberen Blattrand sind sechs Zeilen reserviert. Wenn Sie die Seitenlänge mit der Option <4> verändern wollen, müssen Sie möglicherweise gleichzeitig den oberen Blattrand mit <5> modifizieren. Drücken Sie die Tastenkombination <ALT><F8>,<5>, dann gibt WordPerfect auf Ihrem Monitor folgende Meldung aus

. Auswahl: 5

Halbzeilen (12/Zoll) von 12 auf

Der obere Blattrand beträgt ein Zoll; bei sechs Zeilen pro Zoll bedeutet diese Meldung, daß in Halbzeilen gezählt wird. Um etwa einen Briefkopf richtig beschriften zu können und einen Blattrand von 2 Zoll Breite zu erreichen, müßten Sie jetzt <24> eingeben. Wenn Sie auf diese Weise den Rand verändert haben, müssen Sie 1 Zoll von der zur Verfügung stehenden Zeilenzahl abrechnen (6 Zeilen), da sonst kein Platz für den unteren Rand zur Verfügung steht und der Drucker ein zweites Blatt einzieht. Verringern Sie also entsprechend mit der Tastenkombination <ALT><F8>,<4> die Textzeilen auf 52. - Wird der Brief mehrere Seiten lang, vergessen Sie nicht, die ursprünglichen Werte für die zweite Seite wiederherzustellen. Ein Blick auf die verdeckten Steuerzeichen <ALT><F3> zeigt zu Beginn der ersten Seite

[ObRd:24] [Seitlg: 70,52]

Beachten Sie bitte, daß diese Meldung am Anfang der Seite stehen muß, sonst werden diese Änderungen erst auf den kommenden Seiten von WordPerfect umgesetzt.

KOPF- UND FUßZEILE

In längeren Texten, wie beispielsweise Büchern, dienen Kopf- und Fußzeilen dazu, regelmäßig wiederkehrende Informationen unterzubringen -

etwa das jeweilige Kapitel zusammen mit der aktuellen Seitenzahl. Word-Perfect kann solche Textinformationen wahlweise auf jeder Seite, jeder geraden oder jeder ungeraden Seite ausdrucken.

Bei der Einrichtung der Kopf- bzw. Fußzeilen bietet das Programm eine enorme Gestaltungsfreiheit. Die Zeilen können übrigens genauso bearbeitet werden, wie der "normale" Text.

Durch Drücken der Tastenkombination <ALT><F8>,<6> gelangen Sie in das Untermenü zur Kopf-/Fußzeilen-Spezifikation.

Aus dem Menü ist leicht ersichtlich, daß Sie jeweils zwei Kopf- und/oder Fußzeilen verwalten können. Diese Zeilen werden, während Sie mit Ihrem Text arbeiten, nicht mehr angezeigt, so daß Sie sich bitte daran erinnern, daß die

```
Kopf-/Fußtext-Spezifikation

   Typ                             Wo, Was?
   1 - Kopftext A                  0 - Kein Kopf-/Fußtext mehr
   2 - Kopftext B                  1 - Jede Seite
   3 - Fußtext A                   2 - Ungerade Seiten
   4 - Fußtext B                   3 - Gerade Seiten  '
                                   4 - Bearbeiten


   Auswahl: 0                      Auswahl: 0
```

Bild 8: Untermenü Kopf-/Fußzeilen-Spezifikation

Zeilen, die Sie für die Einrichtung verbraucht haben, beim Ausdruck nicht mehr zur Verfügung stehen. Mit der Tastenkombination STEUER-ZEICHEN <ALT><F3> können Sie jedoch jederzeit die ersten 50 Zeichen jeder dieser Zeilen sichtbar machen.

Die Einrichtung ist denkbar einfach. Das Menü ist in die Spalten "Typ" und "Wo, Was? geteilt. Mit den Optionen unterhalb von "Typ" können Sie auswählen, was Sie einrichten wollen: Kopf- oder Fußzeile(n). Geben Sie einfach die Zahl <1> ein, wenn Sie eine Kopfzeile einrichten wollen, und drücken Sie diesmal nicht <RETURN>, weil Sie sich sonst im Hauptmenü wiederfinden. Die Lichtmarke springt jetzt automatisch in die rechte Reihe. Mit der "Wo, Was?" Funktion können Sie festlegen, auf welche Weise die festgelegte Kopfzeile ausgedruckt werden soll. Soll keine Kopfzeile mehr ausgegeben werden, drücken Sie bitte auf 0.

Die Verwendung zweier verschiedener Kopfzeilen bietet sich immer dann an, wenn die beiden Texte nicht identisch sind - wenn zum Beispiel auf der linken Seite eines Buches die Kapitelnummer stehen soll und auf der rechten die Kapitelüberschrift.

Wenn Sie das in Bild 8 dargestellte Menü auf dem Monitor vor sich sehen, können Sie Kopf- und Fußzeilen erstellen, verändern und, von der entsprechenden Textseite an, unterdrücken. - Wir beschränken uns hierbei auf die Behandlung von Kopfzeilen, da das Vorgehen bei den Fußzeilen identisch ist. Auf der Begleitdiskette, die Sie in Verbindung mit "WordPerfect - Schritt für Schritt" beim Verlag bestellen können, befindet sich eine einfache Pressemitteilung, die Sie mit A:presse.txt aufrufen können.

HOTELVERWALTUNG NACH MAß

"SIHOT" - EIN PROGRAMM DES SAARBRÜCKER SOFTWARE-HAUSES
GUB-SE, MARKIERT DEN DERZEITIGEN ENTWICKLUNGSSTAND INTEGRIERTER SOFTWARE IM BEREICH DER HOTELVERWAL-TUNG.

Oscar Wilde, der als anspruchsvoller Gast einen geradezu
legendären Ruf besaß, sagte über sich selbst, er habe einen
ganz schlichten Geschmack - von allem nur das Beste. Ein
Hotel, das so einen Gast zufriedenstellen will, darf sich in
seinem Angebot nicht auf Aushängeschilder, wie Lage, Küche,
Keller und Räumlichkeiten beschränken, sondern muß auch den
Service optimieren, der nicht unmittelbar wahrgenommen wird.

Erst wenn die Organisation eines Hotels reibungslos läuft,
wird sich bei Reisenden, Urlaubern und Tagungsteilnehmern das
Gefühl des "absoluten Wohlbehagens" einstellen. Bei den....

Der Text ist mehrere Seiten lang, und Sie möchten gerne eine Kopfzeile auf jeder Seite einrichten, damit der Bearbeiter eine bessere Übersicht hat, worum genau es sich handelt. - Dazu rufen Sie das Menü "Kopf-/Fußzeilen-Spezifikation auf <ALT><F8>,<6> und geben <1> ein.

Wenn Sie Kopfzeile A ausgewählt haben, springt die Lichtmarke zur Auswahl unter der Spalte "Wo, Was?" Drücken Sie jetzt bitte <1>, und es erscheint ein leerer Bildschirm, auf den Sie jetzt schreiben: PRESSE-MITTEILUNG GUB-SE NR. 1/88 1.1.1988. Wie das Ganze aussieht, sehen Sie auf Bild 10.

```
Kopf-/Fußtext-Spezifikation

    Typ                       Wo, Was?
    1 - Kopftext A            0 - Kein Kopf/Fußtext mehr
    2 - Kopftext B            1 - Jede Seite
    3 - Fußtext A             2 - Ungerade Seiten
    4 - Fußtext B             3 - Gerade Seiten
                             4 - Bearbeiten


    Auswahl: 1                Auswahl: 0
```

Bild 10: Aufnahme der Kopfzeile

```
PRESSEMITTEILUNG GUB-SE NR. 1/88  1.1.1988




Wenn ok, Exit drücken!                          Z 1    Pos 52
```

Bild 9: Typ-Auswahl

Nach Aufnahme der Kopfzeile drücken Sie bitte EXIT <F7> und verlassen das Menü. Wenn Sie sich nun vergewissern wollen, ob die Kopfzeile tatsächlich über Ihrem Text steht, geben Sie <ALT><F3> ein. Sie sehen in der Mitte das Zeichenlineal, darüber Ihren Text und darunter sämtliche Steurerzeichen und die Meldung der Kopfzeile.

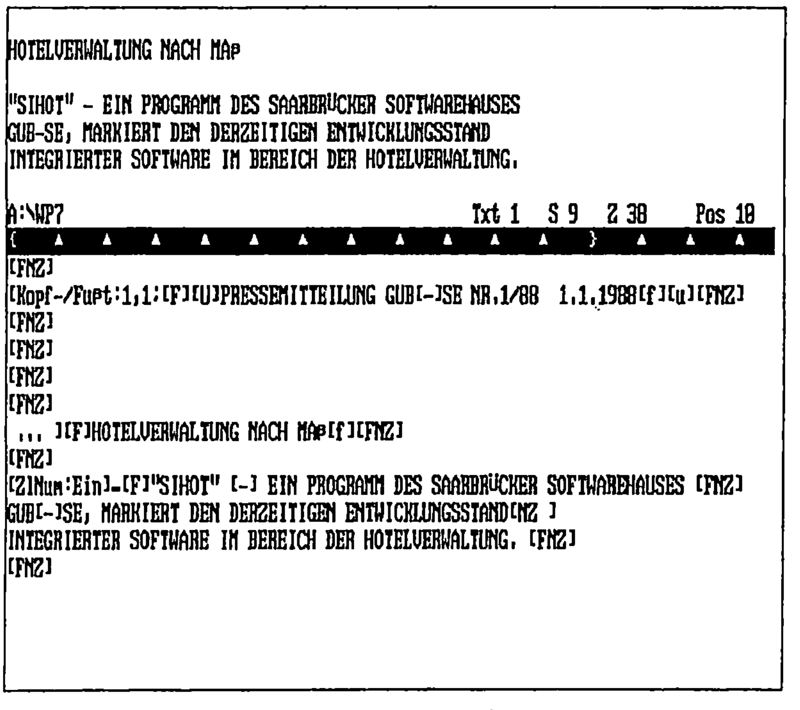

Bild 11: Steuerzeichen bei Kopf-/Fußzeilen.

Kopf-/Fußzeile Unterdrücken, Ändern, Löschen

Von derjenigen Seite an, von der Sie den Ausdruck der Kopf- /Fußzeile unterdrücken wollen, gehen Sie mit der Tastenkombination <ALT><F8>,<6> in das Untermenü Kopf- /Fußzeile-Spezifikation, wählen unter "Typ" die Option, die Sie ändern wollen und geben, wenn die Lichtmarke zur Auswahl unter der Spalte "Wo, Was?" springt, <0> ein.

Um im Beispiel die Kopfzeile zu ändern, setzen Sie die Lichtmarke wieder auf den Anfang Ihres Textes (oder der Seite). Dann drücken Sie <ALT><F8><6>, geben in der ersten Spalte die Option <1> ein und wählen in der zweiten Spalte <2>.

Auf dem leeren Bildschirm finden Sie in der Statuszeile die Meldung

    Wenn ok, Exit drücken   Z1 Pos 10

Schreiben Sie:

MITTEILUNGEN AN DIE PRESSE - EIN SERVICE DER GUB-SE

Anschließend gehen Sie über EXIT <F7> ins Seitenformat-Menü zurück. In Ihrem Text sind Sie, wenn Sie eine beliebige Taste gedrückt haben.

HINWEIS: Beim Erstellen von Kopf- und Fußzeilen stehen Ihnen alle Möglichkeiten von WordPerfect zur Verfügung. Es ist allerdings nicht ersichtlich, ob Sie nun eine Kopf oder eine Fußzeile bearbeiten. Vergewissern Sie sich im Zweifelsfall immer über die Tastenkombination STEUERZEICHEN <ALT><F3>, daß die Codes [Kopf-/Fußz...] ganz am Anfang der Seite positioniert sind.

Wenn Sie ein neues Kapitel nicht gleichzeitig auf einer neuen Seite beginnen lassen, achten Sie bitte darauf, daß die Codes unmittelbar vor der Kapitelüberschrift positioniert sind.

Kopf- und Fußzeilen lassen sich nur im Rahmen der sichtbar gemachten Steuerzeichen löschen. Gehen Sie mit der Lichtmarke an die Stelle, wo Sie die Kopf-/Fußzeile angeordnet haben, und drücken Sie <ALT><F3>. Auf dem Monitor erscheint nun das Zeichenlineal und darunter die Kopf-/Fußzeile. Wenn Sie die Lichtmarke nun vor den Text der Zeile steuern, löschen Sie mit <LÖSCH>; wenn der Cursor hinter der Zeile steht, löschen Sie mit der <RÜCKTASTE>.

Kombination von Kopf-/Fußzeilen und Seitenzahlen

Wenn Sie Ihren Text mit Kopf- bzw. Fußzeilen versehen und die Seiten gleichzeitig durchnumerieren wollen, haben Sie die Möglichkeit, die Zeile, in der normalerweise die Seitenzahl steht einzusparen. Dazu geben Sie beim Einrichten der Kopf-/Fußzeile auf derselben Zeile, an der Stelle, an der Sie die Seitenzahl positionieren wollen, <STRG><B> ein.

ZEICHENPOSITION SEITENNUMMER

Durch Drücken der Kombination <ALT><F8> erreichen Sie das Menü SEITENFORMAT. Wenn Sie nun <1> eingeben, sehen Sie das Untermenü POSITION SEITENNUMERIERUNG vor sich. Sie haben jetzt verschiedene Möglichkeiten, die Seitennumerierung vorzunehmen – und zwar: oben oder unten auf der Seite / links, in der Mitte und rechts.

Die Positionen dieser Stellen sind von WordPerfect vorgegeben, und zwar: links 10, Mitte 42, rechts 74. Wenn Sie in Ihrem Text andere Ränder als die von WordPerfect vorgeschlagenen verwenden, empfiehlt es sich, die Positionierung der Seitenzahlen entsprechend zu ändern. Schreiben Sie beispielsweise mit nur dreißig Anschlägen in der Zeile, dann wirkt die Standardplazierung reichlich fehl am Platz. Sie können natürlich auch diese Angaben ändern. Wenn Sie SEITENFORMAT <ALT><F8><7> eingeben, finden Sie sich im Untermenü Zeichenposition für Seitennumerierung wieder.

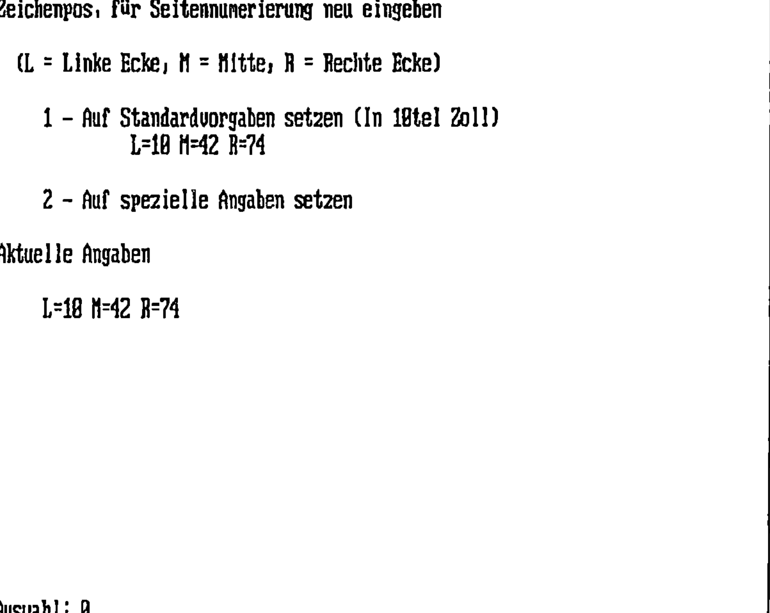

Bild 12: Position der Seitennumerierung

Unter 1 sehen Sie die Standardvorgaben von WordPerfect. <1> ohne <RETURN> zu drücken, geben Sie nur ein, wenn Sie die Standardeingaben zuvor geändert hatten. Das System arbeitet anschließend wieder mit diesen Angaben.

Wenn Sie mit anderen Rändern als den von WordPerfect angebotenen (L 10 / R 74) arbeiten, dann stimmt die Einteilung der Positionen nicht mehr. Geben Sie dann <2> ein, und die Lichtmarke springt unter die aktuelle Einstellung. Diese können Sie ganz einfach ändern, indem Sie der Reihe nach hinter den Gleichheitszeichen die Angaben für Linken Rand, Mitte und Rechten Rand eingeben.

SEITENFORMAT UNTERDRÜCKEN

Der Vorteil, mit einem Textverarbeitungsprogramm zu schreiben, liegt vor allem in der Vielzahl seiner Gestaltungsmöglichkeiten. Es kann jedoch vorkommen, daß Sie die eine oder andere Angabe für einen Textbereich unterdrücken wollen. Im Menü SEITENFORMAT <ALT><F8> ist hierfür eine Option vorgesehen, die Sie erreichen, wenn Sie <8> eingeben. Die Funktion SEITENFORMAT UNTERDRÜCKEN gilt jeweils für die aktuelle Seite. Bringen Sie bitte die Lichtmarke an den Anfang der

Steuerzeichen <ALT><F3>, und geben Sie die Tastenkombination <ALT><F8>,<8> ein. Auf dem Monitor erscheint Bild 13 "Seitenformat für aktuelle Seite unterdrücken".

Wählen Sie bitte durch Eingabe der entsprechenden Zahlen die Formate aus, die für die aktuelle Seite unterdrückt werden sollen. WordPerfect speichert die eingegebenen Ziffern. Wenn Sie das ursprüngliche Seitenformat wieder verwenden wollen, fahren Sie mit der Lichtmarke an den Seitenanfang, und löschen Sie die Markierungen im STEUERZEICHEN-MODUS <ALT><F3> mit <LÖSCH> bzw. <RÜCKTASTE>.

```
Seitenformat für aktuelle Seite unterdrücken

 Zum Ausschalten mehrerer Punkte, Angaben mit "+" verbinden.
 Beispiel: 5+6+2 schaltet Kopf A, Kopf B und die Seitennumerierung für die
 aktuelle Seite aus.

     1 - Ausschalten gesamte Seitennumerierung, Kopf-/Fußtext

     2 - Seitennumerierung aus

     3 - Seitennumerierung unten Mitte drucken (nur diese Seite)

     4 - Kopf-/Fußtext aus

     5 - Kopftext A aus

     6 - Kopftext B aus

     7 - Fußtext A aus

     8 - Fußtext B aus

Auswahl(en): 8
```

Bild 13: Unterdrücken des Seitenformats

BEDINGTES SEITENENDE

Wenn Sie längere Texte eingegeben haben, werden Sie gemerkt haben, daß Sie sich um den Seitenumbruch - das Umschalten auf eine neue Seite - nicht zu kümmern brauchen. Der "dynamische Seitenumbruch" gehört inzwischen zum Standardrepertoir von Textprogrammen. Nach Erreichen der von WordPerfect oder von Ihnen individuell festgelegten Zeilenzahl pro Seite setzt das Programm Sie mit einem einfachen Strich davon in Kenntnis, daß eine neue Seite erreicht ist. Wenn Sie sich den versteckten Code für die neue Seite ansehen wollen, schalten Sie aus STEUERZEICHEN <ALT><F3> um, und Sie sehen [NS].

An sich ist der dynamische Seitenumbruch eine feine Sache - er kann Sie aber dann stören, wenn Sie mit Grafiken arbeiten, die auseinandergerissen werden, oder wenn er Textpassagen trennt, die unbedingt zusammengehören. Solange Sie Text aufnehmen, können Sie darauf achten, daß Textteile, die zusammengehören, auch beieinander stehen. Wenn Sie allerdings später den Text korrigieren, Zeilen oder Absätze löschen, kann es passieren, daß Ihr sauber erstellter Text ein anderes Aussehen annimmt, als von Ihnen geplant.

Mit der Option <9> des Seitenformat-Menüs kann vermieden werden, daß zusammengehörender Text auseinandergerissen wird. Bei der Eingabe verlangt WordPerfect nur die Anzahl der Zeilen, die auf jeden Fall zusammengehalten werden sollen. Steuern Sie hierzu die Lichtmarke an den Anfang des betreffenden Textes, drücken Sie die Tastenkombination <ALT><F8>,<9> und geben Sie die Zeilenzahl ein.

HINWEIS: Wenn Sie mit einem Zeilenabstand von 2 oder höher arbeiten, müssen Sie auch die Leerzeilen mitzählen. Beispielsweise können Sie zwei Zeilen, die Sie mit doppeltem Abstand geschrieben haben, nur durch Eingabe von <4> (vier Zeilen mit einfachem Abstand) zusammenhalten.

Das bedingte Seitenende kann nur durch Löschen der Steuerzeichen <ALT><F3> rückgängig gemacht werden.

ABSATZSCHUTZ

Mit der Tastenkombination <ALT><F8>,<A> schalten Sie den Absatzschutz, die letzte Option des Seitenformat-Menüs ein. Auf dem Bildschirm erscheint das Bild:

Absatzschutz (J/N) N

Durch den Absatzschutz wird verhindert, daß auf einer Seite die erste Zeile des Absatzes plaziert wird und der Rest des Textes auf der folgenden - bzw. daß die letzte Zeile eines Absatzes auf die folgende Seite übernommen wird. Standardmäßig ist der Absatzschutz ausgeschaltet. Der eingeschaltete Absatzschutz kann nur durch Löschen der Steuerzeichen <ALT><F3> aufgehoben werden.

BLOCKSCHUTZ

Wollen Sie lediglich gelegentlich Textteile und Absätze vor dem Ausein-
anderreißen bewahren, dann bietet WordPerfect mit dem Blockschutz
eine noch einfachere Methode. Steuern Sie im Text die Lichtmarke an
den Anfang des zu schützenden Textes, drücken Sie BLOCK <ALT><F4>
und steuern Sie anschließend den Cursor ans Ende des betreffenden
Textteils. Der ausgezeichnete Text erscheint unterlegt. Drücken Sie jetzt
<ALT><F8>, und WordPerfect fragt Sie in der Menüzeile

> Block schützen (J/N) N

Geben Sie <J> ein, dann ist der betreffende Abschnitt vor einem eventuellen Auseinanderfallen bewahrt. Dieses Vorgehen bietet sich als einfachste Möglichkeit an, wenn Sie Grafiken in den Text übernehmen und
Schwierigkeiten vermeiden wollen, die bei einer Umformatierung entstehen können.

TEXT UND DATEN MISCHEN

Ein Grund dafür, daß sich Textverarbeitungsprogramme international relativ schnell durchsetzen konnten, liegt in der Möglichkeit, daß sich mit der richtigen Software schnell und relativ einfach Serienbriefe erstellen lassen. Ein Serienbrief ist ein ein- oder mehrseitiger Text, der, mit Variablen versehen, an mehrere Adressaten abgeschickt werden kann. Die Vorteile liegen auf der Hand: Der Text des Briefes muß nur einmal erfaßt werden. Adresse und Anreden werden durch Mischbefehle ersetzt, durch die ganze Adressenkarteien "eingespeist" werden können.

In WordPerfect wird der Brieftext als Primärdatei abgespeichert, die Variablen - Adressen, Telefonnummern u.ä - als Liste in einer sogenannten Sekundärdatei. Das hört sich schwerer an, als es in Wirklichkeit ist. Wenn nun beide Dateien verkettet werden, dann kann für jeden Datensatz der Sekundärdatei - jeden Adressaten - ein individuelles Schreiben ausgedruckt werden.

Je mehr man mit Textprogrammen schreibt, desto mehr speichert man - das jedenfalls ist meine Erfahrung. Normalerweise ist es leichter, auch nach Jahren auf eine "alte" Adressenliste zurückzugreifen, als diese Liste - von der man ganz sicher war, sie nie mehr gebrauchen zu können - erneut einzugeben. Dennoch bietet WordPerfect die Möglichkeit an, die variablen Daten auch unmittelbar über die Tastatur einzugeben, wenn man sicher ist, daß man sie für spätere Verwendung nicht aufheben will. Zu diesem Zweck kann man in den Serienbrief Kontrollmeldungen einbauen, die den Bearbeiter auffordern, die entsprechenden Daten zu ergänzen. Diese Meldungen erscheinen lediglich auf dem Monitor, werden also nicht mit ausgedruckt.

Wenn Sie die Sekundärdatei - Adressen uä - in einer Liste zusammenfassen, dann können Sie diese später weiter- verarbeiten. Sie haben die Möglichkeit Dateien für Adreßaufkleber zu erstellen, können den Adressaten Telefonnummern zuordnen und können notfalls auch die Datei nach Postleitzahlen ordnen. Es lohnt sich also, jede Adreßkartei auf Diskette zu speichern.

SERIENBRIEFE ERSTELLEN

Um einen Serienbrief in Umlauf zu bringen, sind zwei Arten von Dateien notwendig.

- Die Primärdatei besteht in dem Brieftext und den Mischbefehlen, die zum Verknüpfen der Variablen (Datum, Adressen, Anrede) notwendig sind.

- Die Sekundärdatei besteht aus den Adressen oder weiteren Datensätzen, die sich aus sogenannten Feldern zusammensetzen wie Datum, Name, Abteilung, Straße, Ort.

Text Erfassen

Gehen wir einmal davon aus, Sie besäßen einen kleinen Versandbuchhandel und wollen ihre Stammkunden von der atemberaubenden Neuerscheinung "Abenteuer im Harem" von Abu Abas in Kenntnis setzen.

Zunächst erstellen wir das Anschreiben mit den Codes zum Aufruf der individuellen Daten aus der Sekundärdatei. Die erste Variable ist das Datum. Die Datumsfunktion rufen Sie mit <SHIFT><F5> auf. Sie können allerdings auch einen Mischbefehl benutzen, den Sie durch Eingabe der Tastenkombination MISCH-BEFEHLE <ALT><F9> aktivieren. Darauf erscheinen in der Statuszeile zwölf Mischcodes.

^C; ^D; ^F; ^G; ^N; ^O; ^P; ^Q; ^S; ^T; ^U; ^V:

Diese Codes stehen für Verkettungsbefehle. Eine kurze Kommentierung finden Sie im Kapitel "Auf einen Blick" am Ende dieses Buches. ^D steht für die Datumsvariable. Wenn Sie in Ihrem Schreiben diesen Befehl eingeben wollen, steuern Sie die Lichtmarke an die übliche Stelle oben rechts auf dem Bildschirm und drücken <ALT><F9>,<RETURN>.

Dann schreiben Sie bitte den Brieftext:

Herr   ^D
Adam Kunde
Straße Nr.

Postleitzahl Stadt

Sehr geehrter Herr Kunde,

Gestern wurde endlich das epochale Werk "Abenteuer im Harem" von Abu Abas ausgeliefert. Da wir eine sehr starke Nachfrage erwarten, möchten wir Ihnen empfehlen, das Buch umgehend zu bestellen.

Mit freundlichem Gruß

Adressen Erfassen

Der Adressendatensatz und die Anrede ist in fünf Felder unterteilt.

Herr   <F1>

Adam Kunde   <F2>

Straße Nr.   <F3>

                              <F4>

Postleitzahl Stadt

r Kunde   <F5>

Wir ersetzen jetzt im Beispielbrief die Adresse von Herrn Kunde mit diesen Feldbezeichnungen.

Zur Eröffnung eines Feldes geben Sie bitte <ALT><F9>, danach den Buchstaben F ein. WordPerfect fragt Sie:

Feldnummer:

Sie antworten mit <1> und <RETURN>,<RETURN>.

Wiederholen Sie diese Prozedur, bis Sie die Feldnummern F1 bis F4 in der oben gezeigten Weise eingetragen haben. Löschen Sie bitte in der Anrede die Buchstaben r Kunde, und ersetzen Sie mit <ALT><F9>,<F>,<5>,<RETURN>,<RETURN>.

Ihr Brief müßte jetzt folgendermaßen aussehen - wenn nicht, wiederholen Sie die Prozedur oder laden die Datei BRIEF.PD von der Diskette, die zu diesem Buch vom Verlag angeboten wird:

^D

^F1^
^F2^
^F3^

^F4^

Sehr geehrte^F5^,

Gestern wurde endlich das epochale Werk "Abenteuer im Harem" von Abu Abas ausgeliefert. Da wir eine sehr starke Nachfrage erwarten, möchten wir Ihnen empfehlen, das Buch umgehend zu bestellen.

Mit freundlichem Gruß

Jetzt erstellen wir eine Sekundärdatei, die zwar die Namen beliebig vieler Kunden enthalten kann, doch wollen wir uns hier auf drei Adressen beschränken. Die entsprechenden Informationen (Name, Adresse, Anrede usw.) sind in einzelne Felder unterteilt. Alle Felder zusammen bilden einen Datensatz. Ein Datensatz kann beliebig viele Felder enthalten, nur muß er einheitlich aufgebaut sein. Das haben wir bereits erreicht. Jedes Datenfeld wird mit der Taste MISCHEN R <F9> abgeschlossen, jeder Datensatz mit MISCHEN E <SHIFT><F9>. Starten Sie WordPerfect und scheiben Sie, bzw. laden Sie von der mitgelieferten Diskette die Datei adress.sd

Herrn^R
Wolfgang Meier^R
Blumenstr. 5^R

6600 SAARBRÜCKEN^R
r Herr Meier^R
^E

Frau^R
Elfriede Schmidt^R
Vogelstr. 6^R

4650 GELSENKIRCHEN^R
Frau Schmidt^R
^E

Herrn^R
Dieter Schön^R
Gartenstr. 7^R

8000 MÜNCHEN^R
r Herr Schön^R
^E

HINWEIS: Bitte achten Sie darauf, daß sich weder vor dem ^R noch vor dem ^E ein Leerzeichen findet. Diese Leerzeichen würden im Brief ausgedruckt werden.

HINWEIS: Sie können mit WordPerfect auch Daten aus einer Datenbank - dBase - übernehmen. Benutzen Sie hierzu das Konvertierprogramm CONVERT.

MISCHEN VON PRIMÄR- UND SEKUNDÄRDATEI

Um Ihre Kunden anschreiben zu können, müssen Sie jetzt nur noch Primär- und Sekundärdatei mischen. Löschen Sie zunächst den Bildschirm mit <F/> und drücken sie die Tastenkombination MISCHEN/SORT <STRG><F9>. WordPerfect bietet Ihnen wieder eine Auswahl an:

1 Mischen; 2 Sortieren; 3 Sortierart: 0

Sie wählen <1>.

Auf die Frage

Primärdatei:

geben Sie brief.pd ein.

Sekundärdatei:

beantworten Sie mit adress.sd.

WordPerfect teilt Ihnen durch die Meldung

* Mischen *

mit, daß jetzt beide Dateien verknüpft werden. Anschließend erscheint das Ende des letzten der drei gleichlautenden Briefe auf Ihrem Bildschirm. Die Adressen der drei verschiedenen Adressaten sind korrekt eingesetzt, ebenso das Datum.

Es ist ohne weiteres möglich, das Anschreiben noch individueller zu gestalten, indem man die Anrede im Brief nochmals wiederholt, den Firmennamen des Adressaten erwähnt usw. Ihrer Gestaltungsfreiheit in dieser Hinsicht sind keinerlei Grenzen gesetzt.

DIREKTEINGABE INDIVIDUELLER DATEN ÜBER DIE TASTATUR

Wenn Sie die etwas aufwendige Erstellung einer Sekundärdatei scheuen, dann können Sie in Ihre Briefe und Anschreiben individuelle Daten auch direkt über die Tastatur eingeben. Wenn Sie in Ihrem Serienbrief die Codes F1 bis F5 entfernen und durch ^C ersetzen, dann führt dies dazu, daß WordPerfect an der entsprechenden Stelle anhält, damit Sie Daten über die Tastatur einfügen können. Wenn Sie sehen wollen, wie das funktioniert, rufen Sie brief.pd auf und ersetzen die Codes F1 - F5 mit <ALT><F9>,<C> = ^C.

Speichern Sie nun den Brief unter der Bezeichnung brief2.pd, und löschen Sie den Bildschirm mit <F7>. Danach geben Sie MISCHEN/SORT <STRG>,<F9> ein und wählen MISCHEN <1>. Wenn Sie nun Ihre Datei brief2.pd als Primärdatei angeben und bei der Frage nach der Sekundärdatei <RETURN> drücken, dann wird der zweite Brief aufgerufen, und die Lichtmarke springt zum ersten ^C. Geben Sie die Anrede ein, und springen Sie mit <RETURN> zum ^C in der nächsten Zeile. Wenn Sie Postleitzahl und Stadt eingegeben haben, erreichen Sie das letzte ^C ganz einfach durch Drücken von <F9>.

BESCHRIFTEN VON UMSCHLÄGEN UND ADRESSENAUFKLEBERN

Briefumschläge und Adressenaufkleber können ohne weiteres aus der einmal erstellten Sekundärdatei bedruckt werden. Erstellen Sie zunächst eine Primärdatei mit den Feldern F1 bis F4 über <ALT><F9> und Eingabe von <F1><1> bis <F><4> jeweils <RETURN><RETURN>, wie im Beispiel weiter oben. Speichern Sie diese Datei unter der Bezeichnung Umschlag.pd. Das Ganze sieht dann so aus:

^F1^
^F2^
^F3^

^F4^

Anschließend rufen Sie die Funktion MISCHEN/SORT <STRG><F9> auf und geben bei Primärdatei:

Umschlag.pd

ein, und bei Sekundärdatei:

adress.sd

Nach * Mischen * erscheinen die richtigen Adressen auf dem Bildschirm.

```
Herrn
Wolfgang Meier
Blumenstr. 5


6600 SAARBRÜCKEN

================================================================

Frau
Elfriede Schmidt
Vogelstr. 6


4650 GELSENKIRCHEN

================================================================

Herrn
Dieter Schön
Gartenstr. 7


8000 MÜNCHEN
                              Txt 2   S 1   Z 1     Pos 18
```

Bild 14: Adressenaufkleber

DRUCKEN VON UMSCHLÄGEN UND ADRESSENAUFKLEBERN

Jetzt kommt der knifflige Teil: Sie müssen Seitenlänge, oberer Rand und Seitenränder so einstellen, daß die von Ihnen verwendeten Aufkleber richtig bedruckt werden. Am einfachsten gelingt Ihnen das, wenn Sie das Ganze in einer stillen Stunde ausprobieren.

Mit SEITENFORMAT <ALT><F8> stellen Sie die Seitenlänge ein. Danach geben Sie über die Tastenkombination ZEILENFORMAT <SHIFT><F8> die Ränder für die Adressenaufkleber ein. Bei den Briefumschlägen verfahren Sie entsprechend. Legen Sie Aufkleber und Briefumschläge so in den Drucker ein, daß der Druckkopf auf der ersten zu druckenden Zeile steht, und geben Sie dann den DRUCKBEFEHL <SHIFT><F7>,<2>.

PROBLEMBEREICH BERICHTE UND MANUSKRIPTE

EINFLUß DER TEXTVERARBEITUNG IN DER PUBLIZISTIK

Die Textverarbeitungsprogramme stellen jedem, der in seinem Beruf viel schreiben muß, eine ungeheure Vielzahl an nützlichen Hilfsmitteln zur Verfügung. Die im Gegensatz zu den USA hierzulande langsam verlaufende Entwicklung im Bereich "elektronische Ausstattung der Büros" und die zunächst zögernde Annahme der Textsoftware durch die Kunden (sprich: Autoren) sorgt dafür, daß auch heute noch die Amerikaner in der Umsetzung Text-Programm-Verlag-Druck einen wesentlichen Vorsprung besitzen. Zwar nutzen einige Fachverlage die Vorteile der vom Autor eingereichten Textdisketten und produzieren Bücher ohne den üblichen Papierwust, doch der weitaus größere Teil der Verlage (auch der Zeitungsverlage) verlangt weiterhin lediglich ausgedruckte (Papier)-Manuskripte. Doch allmählich sprechen sich die Vorteile einer elektronisch gestützten Buchproduktion herum: Man produziert nicht nur kostengünstiger - man kann das Buch auch schneller auf den Markt bringen.

Jeder Profi, der irgendwie mit dem Schreiben sein "Täglich Brot" verdient, wird also auf Dauer nicht umhinkommen, sich intensiv mit der Anschaffung eines Textverarbeitungssystems auseinanderzusetzen. Um hier die Entscheidung zu erleichtern, wollen wir einmal genau betrachten, welche Zeiteinsparnis beispielsweise bei der Erstellung von Listen, Stichwort- und Inhaltsverzeichnissen zu erreichen ist. Gerade diese Arbeiten gehören zu den unangenehmsten, die anfallen können. Normalerweise ist zum Zeitpunkt der Erstellung von Indizes die Arbeit am Text abgeschlossen - und das Heraussuchen von Stichworten ist dann nur noch lästig. Mit WordPerfect ist das Ganze relativ einfach und in einem Bruchteil der normalen Zeit zu bewältigen.

Im wesentlichen zerfällt der Arbeitsgang bei der Erstellung einer Liste, der Strukturierung einer Ideenskizze, eines Stichwort- oder Inhaltsverzeichnisses in drei Teilbereiche:

1. Markierung des betreffenden Textes

2. Nummerierungsart definieren

3. Struktur organisieren

Die entsprechenden Textteile können schon bei der Texteingabe markiert werden, Sie haben aber auch die Möglichkeit, diese Arbeiten nach dem Verfassen des Textes zu erledigen. Diese Arbeit wird Ihnen zwar von WordPerfect erleichtert, doch geschieht der Vorgang nicht vollautomatisch. Es ist also unvermeidlich, daß Sie sich bei dem, was Sie jetzt tun werden, einige Gedanken machen. Doch zur Zeit der guten alten Schreibmaschine war ja alles noch viel komplizierter!

INHALTSVERZEICHNIS

Jedes Buch, jeder längere Text, vor allem jeder Ausbildungs- oder wissenschaftliche Text wird mit einem Inhaltsverzeichnis eingeleitet. Damit läßt sich nicht nur schnell eine bestimmte Textstelle auffinden - das Inhaltsverzeichnis verrät dem Interessenten auch, ob das Buch für ihn in Frage kommt oder nicht. Ein solches Inhaltsverzeichnis kann mit WordPerfect weitgehend automatisch erarbeitet werden. Zu diesem Zweck kreisen wir das Problem der Aufstellung einer allgemeinen Liste etwas ein. Zur Erstellung eines Inhaltsverzeichnisses müssen Sie

1. Überschriften markieren

2. Inhaltsverzeichnis definieren

3. Inhaltsverzeichnis generieren

Die Textteile, die ins Inhaltsverzeichnis übernommen werden, müssen markiert werden. WordPerfect stellt hierzu fünf verschiedene Formate zur Verfügung.

- keine Seitennummern

- Seitennummer unmittelbar hinter dem Eintrag

- Seitennummer eingeklammert hinter dem Eintrag

- Seitennummern rechtsbündig

- Seitennummern rechstbündig nach Punktlinie

Die Inhaltsverzeichnisse können in maximal fünf Ebenen gegliedert werden, wobei man für jede Ebene ein anderes Format verwenden kann. Beim Druck erscheint jede Ebene gegenüber der nächsthöheren um 1/2 Zoll eingerückt.

Überschriften Markieren

Um das Ganze hautnah zu erleben, starten Sie bitte WordPerfect, und schreiben den unten stehenden Text, oder laden Sie von der vom Verlag angebotenen Begleitdiskette die Datei presse2.txt.

Hotelverwaltung

Vorspann

Oscar Wilde, der als anspruchsvoller Gast einen geradezu
legendären Ruf besaß, sagte über sich selbst, er habe einen
ganz schlichten Geschmack - von allem nur das Beste. Ein
Hotel, das so einen Gast zufriedenstellen will, darf sich in
seinem Angebot nicht auf Aushängeschilder, wie Lage, Küche,
Keller und Räumlichkeiten beschränken, sondern muß auch den
Service optimieren, der nicht unmittelbar wahrgenommen wird.

Probleme der Organisation

Erst wenn die Organisation eines Hotels reibungslos läuft,
wird sich bei Reisenden, Urlaubern und Tagungsteilnehmern das
Gefühl des "absoluten Wohlbehagens" einstellen. Die GUB-SE,
Saarbrücken, hat dieser Entwicklung im Hotelbereich Rechnung
getragen und bietet unter der Bezeichnung SIHOT ein
integriertes Programmpaket an, das in der Lage ist, auch
komplizierteste Verwaltungsaufgaben elegant zu lösen.

Zielvorstellung

Unsere Aufgabe ist es, der Hotelführung nicht nur eine
computerunterstützte Lösung ihrer vielfältigen
organisatorischen Probleme anzubieten, sondern auch eine
sorgfältige Einarbeitung zu gewährleisten, umreißt die
Geschäftsführung GUB-SE ihr Unternehmensziel.

SIHOT unter Unix

SIHOT wurde für Hotels mit mehr als 50 Zimmern entwickelt –
wobei die Zimmerverwaltung, was die Zahl der Räume angeht,
nach oben hin nicht begrenzt ist. Das Programm läuft derzeit
unter dem Betriebssystem UNIX/SINIX.

Grundmodul / Erweiterungsmodul

SIHOT wird in einem Grundmodul und mehreren Erweiterungsmodulen angeboten. Bereits die Grundversion beinhaltet neben
den üblichen Leistungen einer anspruchsvollen Hotelorganisation einen grafischen Reservierungs- und Belegungsplan,
bei dem ein Blick auf den Bildschirm genügt, um erkennen zu
können, welche Zimmer wann und wie lange gebucht sind.

Textbeispiel für Inhaltsverzeichnis

Zunächst werden wir die Textteile, die in das Inhaltsverzeichnis übernommen werden, markieren.

Steuern Sie die Lichtmarke auf den ersten Buchstaben von Hotelverwaltung und markieren Sie das Wort durch die Tastenkombination BLOCK
<ALT><F4>,<END>.

Wenn Sie nun <ALT><F5> eingeben, erscheint die Menüzeile

    Markieren für 1 InhVerz 2 Liste 3 KorrKenn 4 Durchstr 5

    Index 6 Qverw: 0

Geben Sie <1> ein, und es erscheint die Meldung:

    Stufe Inhaltsverz.:

Wenn Sie jetzt <1> eingeben, dann ist das Wort "Hotelverwaltung" auf der ersten Ebene des Inhaltsverzeichnisses markiert worden. Wie immer können Sie sich davon mittels der Sichtbarmachung versteckter STEUER-ZEICHEN <ALT><F3> sichtbar machen.

Bewegen Sie jetzt die Lichtmarke zum Wort "Vorspann", und markieren Sie das Wort mit der Kombination <ALT><F4>,<END>.

Dann drücken Sie <ALT><F5>,<1>,<2> und haben damit "Vorspann" als Überschrift auf der zweiten Ebene des Inhaltsverzeichnisses ausgezeichnet.

Jetzt bewegen wir die Lichtmarke auf den ersten Buchstaben von "Probleme der Organisation" und markieren mit <ALT><F4>,<END>. Danach übernehmen wir diese Überschrift mit <ALT><F5>,<1>,<1> ebenfalls in die erste Ebene des Inhaltsverzeichnisses.

Jetzt steuern Sie mit der Lichtmarke "Zielvorstellung" an, markieren mit <ALT><F4>,<END> und geben anschließend <ALT><F5>,<1>,<2> ein. Damit haben Sie "Zielvorstellung" auf der zweiten Ebene Ihres Inhaltsverzeichnisses ausgezeichnet.

Markieren Sie auf die gleiche Weise noch die Überschriften "SIHOT unter Unix" und "Grundmodul / Erweiterungsmodul" als Untertitel für die zweite Ebene des Inhaltsverzeichnisses.

Inhaltsverzeichnis Definieren

Nachdem wir die Textstellen, die wir ins Inhaltsverzeichnis übernehmen wollen, markiert haben, definieren wir jetzt Position und Aussehen des Inhaltsverzeichnisses. Gleichzeitig wird das Inhaltsverzeichnis vor der ersten Seite angeordnet, damit später die Seitennumerierung stimmt.

Rufen Sie bitte jetzt die Datei presse2.txt auf, und gehen Sie mit <PO1><POS1><> an den Textanfang. Danach fügen Sie einen FESTEN SEITENUMBRUCH <STRG><RETURN> ein, so daß das Inhaltsverzeichnis vor der ersten Seite des Textes eingerichtet wird. Setzen Sie jetzt mit der Tastenkombination <ALT><2><1>,<RETURN>,<1> die Seitennumerierung in Gang.

Anschließend bringen Sie mit der Lichtmarkensteuerung <> die Lichtmarke vor den Seitenumbruch. ZENTRIEREN Sie jetzt durch Drücken von <SHIFT><F6>, und schreiben Sie "INHALTSVERZEICHNIS". Die Überschrift erscheint in der Mitte der Zeile. Geben Sie zweimal <RETURN> ein.

Um das Inhaltsverzeichnis zu definieren, drücken Sie <ALT><F5>,<6> und erreichen damit das Untermenü "Andere Textmarkierungs-Optionen", das in Bild 15 gezeigt wird.

Wenn Sie jetzt <2> eingeben, dann erscheint das Untermenü "Definition Inhaltsverzeichnis", das Sie in Bild 16 sehen. Wir haben das Inhaltsverzeichnis auf zwei Ebenen/Stufen beschränkt. Geben Sie auf die Frage von WordPerfect nach der Anzahl der Stufen deshalb bitte eine <2> ein.

Jetzt erscheint die Meldung:

Letzte Stufe fortlaufend (J/N) N

Bei fortlaufender Darstellung werden alle Einträge der letzten Stufe auf derselben Zeile ausgegeben, was nicht besonders übersichtlich ist. Bestätigen Sie deshalb "Nein" mit Return.

Mit <RETURN> akzeptieren Sie jetzt den Standardvorschlag für die erste Stufe. Die Lichtmarke springt automatisch zur nächsten Stufe. Für die zweite Stufe geben Sie <2> ein.

Jetzt ist das Menü vom Bildschirm verschwunden, und wir befinden uns wieder im Text.

```
Andere Textmarkierungs-Optionen

    1 - Absatz-/Autom, Numerierung definieren

    2 - Inhaltsverzeichnis definieren

    3 - Liste definieren

    4 - Quellenverzeichnis definieren

    5 - Index definieren

    6 - Korrekturkennung und durchgestrichenen Text löschen

    7 - Quellenverzeichnis: Volle Form bearbeiten

    8 - Verzeichnisse und Index erstellen




Auswahl: 8
```

Bild 15: Andere Textmarkierungs-Optionen

```
Definition Inhaltsverzeichnis

   Anzahl der Stufen in Inhaltsverz (1-5): 0


                  Position Seitennummer
Stufe 1
Stufe 2
Stufe 3
Stufe 4
Stufe 5


Seitennumerierung
1 - Keine Seitennummern
2 - Seitennummern nach Begriff
3 - (Seitennummern) nach Begriff
4 - Rechtsbündige Seitennummern
5 - Rechtsbündige Seitennummern mit Leitpunkten
```

Bild 16: Untermenü: Definition Inhaltsverzeichnis

Inhaltsverzeichnis Erstellen

Grundsätzlich kann man das Inhaltsverzeichnis, aber auch andere Listen, von jeder beliebigen Stelle innerhalb der Datei erstellen. Wenn Sie jetzt die Tastenkombination <ALT><F5><6><8> eingeben, springen Sie ins Untermenü "Verzeichnisse und Index erstellen". In der Menüzeile erhalten Sie die Meldung:

Vorhandene Verz., Listen und Indizes werden

überschrieben. Weiter? (J/N) J

Wir haben noch kein Register generiert und können deshalb den Standardvorschlag von WordPerfect mit <RETURN> oder <J> akzeptieren. Das Programm durchsucht jetzt die Datei und übernimmt die markierten Textstellen in das Inhaltsverzeichnis. In der Menüzeile erscheint die Meldung:

Generierung aktiv. Zähler: 1

Die Zahl wächst bei Erstellung des Registers.

Ihr Inhaltsverzeichnis müßte jetzt folgendermaßen aussehen:

INHALTSVERZEICHNIS

Speichern Sie jetzt bitte Inhaltsverzeichnis und Text als Datei presse3.txt ab.

STICHWORTVERZEICHNIS

Während in einem Inhaltsverzeichnis die Themen der einzelnen Textabschnitte aufgeführt werden und damit eine großzügigere Übersicht über die Thematik gewährt wird, dient das Stichwortverzeichnis dazu, bestimmte Textstellen ganz gezielt aufzusuchen. WordPerfect ermöglicht die automatische Erstellung eines Indexes. Die Vorgehensweise ist der Erstellung von Inhaltsverzeichnissen ganz ähnlich. Bei der Erstellung eines Indexes wird wiederum in drei Schritten vorgegangen:

1. Stichwörter markieren

2. Index definieren

3. Index generieren

Auch die Erstellung eines Indexes läuft nicht vollautomatisch ab. Sie müssen jeden Begriff, den Sie in den Index übernehmen wollen, individuell markieren. Diese Arbeit können Sie bereits während des Schreibens erledigen. Sie können aber auch anschließend den Text nach Stichwörtern "durchforsten".

Das Stichwortverzeichnis ermöglicht Haupt- und Nebeneinträge bis zu einer Länge von 73 Zeichen. Haupteinträge beginnen automatisch mit einem Großbuchstaben, Nebeneinträge beginnen mit einem Kleinbuchstaben, sofern Sie nicht ausdrücklich eine andere Schreibweise wünschen.

Bevor man die Erstellung des Stichwortverzeichnisses in Angriff nimmt, sollte man sich deshalb genau überlegen, welche Einträge als Haupteinträge ausgewiesen werden sollen. Auch ist dringend anzuraten, sich durchgängig für die Schreibweise einzelner Begriffe zu entscheiden, da es sonst vorkommen kann, daß gleiche Begriffe in unterschiedlicher Schreibweise auch im Stichwortverzeichnis erscheinen - was keinen besonders guten Eindruck macht.

Stichwörter Markieren

Die Stichwörter Ihres Textes müssen markiert werden, damit WordPerfect erkennen kann, welche Wörter Sie in das Stichwortverzeichnis übernehmen wollen. Bringen Sie deshalb die Lichtmarke auf einen beliebigen Buchstaben des zu markierenden Wortes, und übernehmen Sie es anschließend mit der Tastenfunktion TEXT MARKIEREN <ALT><F5>,<5> in den Index.

Die einzelnen Schritte: Bitte rufen Sie die Datei presse3.txt auf. Bringen Sie anschließend die Lichtmarke mit <POS1>,<POS1>,<> an den Textanfang.

Steuern Sie die Lichtmarke auf "Hotelverwaltung", und drücken Sie <ALT><F5>. In der Statuszeile erscheint die Meldung:

1 AutomNum 2 AbsNr 3 KorrKenn 4 Kurzform 5 Index 6

Sonstige Optionen: 0

Geben Sie <5> ein, dann taucht in der Statuszeile

Titel A: Bildschirm

auf. Geben Sie nun <RETURN> ein, dann wird das Wort ins Indexverzeichnis übernommen und WordPerfect meldet sich mit

Titel B:

Gehen Sie mit <RETURN> wieder in ihren Text zurück. Unter "Titel B:" können Sie weitere Untertitel zu "Titel A:" eingeben. Das wollen wir bei "Hotelverwaltung" nicht.

Übernehmen Sie jetzt mit <ALT><F5>,<5>,<RETURN>,<RETURN> nacheinander noch die Worte "Service", "Organisation", "SIHOT", "Hotelführung", "Einarbeitung" und "Unternehmensziel.

Wir kommen jetzt zur Überschrift "SIHOT unter Unix". Sie haben zwar SIHOT schon einmal für den Index markiert, doch zeichnen Sie bitte SIHOT mit <ALT><F5>,<RETURN> ein zweites Mal aus. Wenn auf dem Monitor die Meldung

Titel B:

erscheint, schreiben Sie "unter Unix" und drücken <RETURN>.

Ebenso verfahren Sie mit den Wörtern Grundmodul und Erweiterungsmodul. "Grundmodul" wird als Haupttitel A markiert, Erweiterungsmodul als Untertitel B.

Nun möchten Sie noch gerne die Wörter "Reservierungs- und Belegungsplan" markieren. Wenn Sie mehrere Wörter zusammen in den Index übernehmen wollen, steuern Sie die Lichtmarke auf den ersten Buchstaben des ersten Wortes und bewegen die Lichtmarke anschließend mit <←→> zum letzten Buchstaben des letzten Wortes. Der Textteil erscheint jetzt hell unterlegt. Übernehmen Sie die drei Wörter komplett mit <ALT><F5>,<5>,<RETURN>,<RETURN> in den Index. Abschließend markieren Sie noch "Bildschirm".

Stichwortverzeichnis Definieren

WordPerfect weiß natürlich nicht, an welcher Stelle Ihres Textes der Index ausgedruckt werden soll. Wenn Sie den entsprechenden Befehl geben, wird ein entsprechendes Steuerzeichen eingesetzt, das dem Programm mitteilt, daß an dieser Stelle der Index erscheinen soll. Normalerweise wird das Stichwortverzeichnis nach der letzten Textseite angeordnet.

Springen Sie jetzt mit der Tastenkombination <POS1>,<POS>,<↓> zum Textende der Datei presse2.txt. Fügen Sie einen festen Seitenumbruch ein <STRG><RETURN>.

Gehen Sie nun mit der Lichtmarke drei Zeilen tiefer – dreimal <RETURN>, drükken Sie ZENTRIEREN <SHIFT><F6> und schreiben Sie STICHWORTVERZEICHNIS. Drücken Sie noch fünfmal <RETURN>, damit die Eintragungen von der Überschrift etwas abgesetzt sind.

Drücken Sie jetzt die Tastenkombination "TEXT MARKIEREN" <ALT><F5>, und geben Sie beim Erscheinen der Statuszeile

     1 AutomNum 2 AbsNr 3 KorrKenn 4 Kurzform 5 Index 6

     Sonstige Optionen: 0

<6> ein. Auf dem Monitor sehen Sie das Untermenü "Andere Textmarkierungs-Optionen". Geben Sie <5> ein, dann erscheint als erstes die Frage nach der Konkordanz-Datei, die wir durch Eingabe von <ENTER> übergehen und anschließend das Untermenü für die Index-Definition

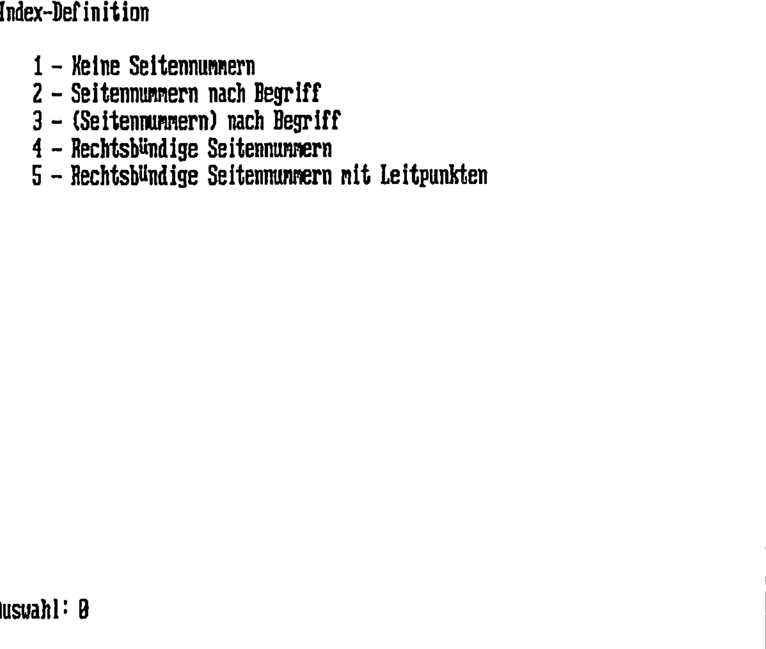

Bild 17: Untermenü Index-Definition

Wenn Sie nun <2> eingeben, dann werden die Seitennummern direkt nach dem Eintrag ausgegeben.

HINWEIS: Soll für Titel A ein anderes Wort eingegeben werden als das ursprünglich markierte, dann schreiben Sie bei Titel A einfach das neue Wort, und WordPerfect übernimmt den ursprünglichen Titel A als Titel B. Durch Drücken von <RETURN> können Sie diesen Vorschlag bestätigen. Wenn das ursprüngliche Wort als Titel B nicht in Frage kommt, löschen Sie den Begriff mit <LÖSCH>.

Stichwortverzeichnis Erstellen

Nachdem nun alle Wörter, die ins Stichwortverzeichnis übernommen werden sollen, markiert sind, drücken Sie bitte die Tastenkombination TEXT MARKIEREN <ALT><F5> und wählen aus dem in der Statuszeile erscheinenden Menü die <6>. Es erscheint das Menü "Andere Textmarkierungs-Optionen". Wir wählen daraus die <8>: "Verzeichnisse und Index erstellen". WordPerfect antwortet mit der Frage:

Vorhandene Verz., Listen und Indizes werden überschrieben. Weiter? (J/N) J

Wenn Sie bereits einen Index erstellt haben und diesen nur neu generieren wollen, dann geben Sie <N> ein und bestätigen mit <RETURN>. Wir gehen mit <J> weiter, weil das gerade bearbeitete Stichwortverzeichnis zum erstenmal generiert wird. WordPerfect durchsucht jetzt die Datei nach markierten Textteilen und übernimmt, sobald der entsprechende Code gefunden ist, den Text in das Stichwortverzeichnis. In der Statuszeile erscheint die Meldung:

Generierung aktiv: Zähler: 1

Die Zahl wächst, während der Index erstellt wird. Ihr Stichwortverzeichnis müßte jetzt folgendermaßen aussehen:

STICHWORTVERZEICHNIS

Bildschirm 1
Einarbeitung 1
Grundmodul
     Erweiterungsmodul 1
Hotelführung 1
Hotelverwaltung 1
Organisation 1
Reservierungs- und Belegungsplan 1
Service 1
SIHOT 1
     unter Unix 1
Unternehmensziel 1
Zimmerverwaltung 1

Ein Tip an dieser Stelle: Wenn das Stichwortverzeichnis fertig ist, überprüfen Sie es bitte nach gleichlautenden Worten. Möglicherweise haben Sie, bzw. WordPerfect einzelne Begriffe in Singular und Plural übernommen. Löschen Sie die Textstellen in der Mehrzahl. Am besten Sie gewöhnen sich an, beim Index nur im Singular zu arbeiten.

LISTEN

Listen werden meist für Übersichten von Abbildungen in einem Buch gebraucht, die zum schnelleren Auffinden der Schaubilder nach dem Index angeordet werden.

Mit der Tastenkombination <ALT><F5> können Sie bis zu fünf Listen markieren. Die Format-Auswahlmöglichkeiten für Listen sind die gleichen, wie für den Index. Der einzige Unterschied in der Erstellung besteht darin, daß Listen in der Folge des Eintrags geordnet werden, und nicht alphanumerisch. Wenn Sie Ihre Liste alphabetisch geordnet haben wollen, dann generieren Sie die Liste einfach als Index.

ZUSAMMENFASSUNGEN

Das Zusammenstellen einer Zusammenfassungen am Ende eines Kapitels ist ebenfalls mit der Listenfunktion möglich. Laden Sie die entsprechende Textdatei und fahren Sie mit der Lichtmarke auf den ersten Buchstaben des Satzes oder Textteils, den Sie in die Zusammenfassung übernehmen wollen. Markieren Sie den Text mit der BLOCKFUNKTION <ALT><F4> und <> bis der betreffende Textteil hell unterlegt ist. Drücken Sie anschließend <ALT><F5>,<2> und wählen Sie die Option "Liste". WordPerfect wird Sie nach der Listennummer fragen.

Liste Nr. :

Je nachdem, ob Sie schon eine Liste erstellt haben oder nicht, vergeben Sie eine Nummer zwischen 1 und 5. Übernehmen Sie anschließend weitere Sätze mit <ALT><F5>,<2>,<NUMMER> in diese Liste.

Wenn Sie sämtliche Textteile, die Sie in die Zusammenfassung übernehmen wollen, markiert haben, definieren Sie die Zusammenfassung mit der Tastenkombination <ALT><F5>,<6>,<3>,<1>.

Generieren Sie die Liste mit <ALT><F5>,<6>,<8> und <RETURN>.

WordPerfect schreibt die einzelnen Textteile mit ausgerückter erster Zeile. Wenn Sie hier Änderungen wünschen, lassen Sie sich mit <ALT><F3> die Steuerzeichen zeigen und löschen die Ausrückung, indem Sie die Lichtmarke hinter das entsprechende Zeichen fahren, mit <RÜCKTASTE>. Durch Drücken von <RETURN> sind Sie anschließend wieder im normalen Text.

ABSATZLAYOUT BESTIMMEN

WordPerfect bietet eine automatische Absatznumerierung, die Sie mit <ALT><F5> aktivieren. Das Programm gibt in der Statuszeile die Meldung:

1 AutomNum 2 AbsNr 3 KorrKenn 4 Kurzform 5 Index 6

Sonstige Optionen: 0

Wenn Sie nun <1><RETURN> drücken, erscheint eine römische I., die erste Hierarchiestufe der Absatznumerierung. WordPerfect geht in der Standardeinstellung davon aus, daß die erste Hierarchiestufe in römischen Zahlen ausgegeben wird. Drücken Sie <LEERTASTE>,<RETURN>, dann erscheint unterhalb der I. eine II.

I.
II.
III.
IV.
V.
VI.
VII.
VIII.
IX.

WordPerfect verwaltet bis zu 7 Hierarchiestufen. Um in diese Hierarchiestufen zu gelangen, bedienen Sie sich bitte der Taste <TAB>. Ein Beispiel: Rufen Sie TEXT MARKIEREN mit <ALT><F5> auf, und geben Sie <1> ein. Drücken Sie <RETURN>,<LEERSCHRITT> und schreiben Sie Erste Stufe. Drücken Sie <RETURN> - es erscheint eine II. Um nun in die zweite Stufe zu gelangen, drükken Sie <TAB>. Schreiben Sie Zweite Stufe <RETURN>,<TAB>,<TAB> - und Sie haben die dritte Stufe erreicht.

      I. Erste Stufe
         A. Zweite Stufe
           1. Dritte Stufe
             a. Vierte Stufe
               (1) Fünfte Stufe
                 (a) Sechste Stufe
                   (i) Siebte Stufe

Wenn Sie die Taste <RETURN> zu häufig betätigen und dadurch immer von neuem Ziffern erzeugen, können Sie diese einfach durch <RÜCKSCHRITT> oder <LÖSCH> wieder zum Verschwinden bringen. Die automatische Absatznumerierung genügt auch gehobenen Ansprüchen, doch WordPerfect bietet Ihnen natürlich auch die Möglichkeit einer individuellen Gestaltung.

Die manuelle Absatznumerierung erreichen Sie mit der Tastenkombination <ALT><F5>,<2>. Automatisch bedeutet im Gegensatz zur manuellen Absatznumerierung, daß die Numerierstufe tabulatorabhängig ist, also entsprechend der Hierarchiestufe nach rechts verschoben wird. Manuell, bzw. permanent hingegen heißt, daß die Stufe - unabhängig von Tabulatoren - solange beibehalten wird, bis Sie eine neue vorgeben.

ABSATZLAYOUT VERÄNDERN

Wenn die Standardeinstellung der Absatznumerierung, die WordPerfect anbietet, Ihnen nicht gefällt, wählen Sie bitte nach Eingabe von TEXT MARKIEREN <ALT><F5> die Option <6>. Im Untermenü "Andere Textmarkierungs-Optionen" finden Sie unter <1> eine Auswahl weiterer Möglichkeiten.

```
Numerierung definieren

   1 - Absatznumerierung, z.B. 1. a. 1. (1) (a) (i) 1)
   2 - Autom. Numerierung, z.B. 1. A. 1. a. (1) (a) i)
   3 - Wissenschaftl. Numerierung, z.B. 1. 1.1. 2.2.1.
   4 - Andere

Auswahl: 8

Stufe:          1   2   3   4   5   6   7
  Art:          8   2   4   3   4   3   1
  Separator:    1   1   1   1   3   3   2

Numerierart                    Separator
8 - Römische Ziffern - groß    8 - Nr
1 - Römische Ziffern - klein   1 - Nr.
2 - Großbuchstaben             2 - Nr)
3 - Kleinbuchstaben            3 - (Nr)
4 - Ziffern
5 - Ziffern - vorausgehende Stufen durch einen Punkt abgetrennt

Erste Absatznummer (bei Art 3): 1
```

Bild 18: Definition Absatznumerierung

Sollte Ihnen die Standardnumerierung, die WordPerfect anbietet, nicht gefallen, probieren Sie am besten die Möglichkeiten aus, die das Menü Definition Absatznumerierung Ihnen bietet.

FUßNOTEN UND ENDNOTEN

Fußnoten und Endnoten werden in erster Linie in wissenschaftlichen Arbeiten verwendet, wenn es darauf ankommt Fundorte von Zitaten zu belegen oder auf Verweise aufmerksam zu machen. Die Fußnote steht am unteren Rand der Seite des laufenden Textes, die Endnote am Ende des jeweiligen Kapitels.

WordPerfect bietet eine sehr komfortable Fuß- und Endnotenverwaltung. So kann der Zeilenabstand innerhalb der Fuß- und Endnoten ebenso eingestellt werden wie die Anzahl der zusammenhängenden Zeilen. Standardmäßig beträgt der Zeilenabstand 1 Zeile. Die Fußnoten werden entweder durch den ganzen Text hindurchnumeriert oder auf jeder Seite von neuem. Fußnotenziffern können Ziffern, Kleinbuchstaben und Sonderzeichen sein. Für die Numerierung der Endnoten gilt dasselbe. WordPerfect numeriert Fuß- und Endnoten standardmäßig mit hochgestellten arabischen Ziffern. Das Programm sortiert Fuß- und Endnoten gleichzeitig und fügt einen entsprechenden Steuercode an, damit bei einem Seitenumbruch die Anmerkungen nach wie vor auf der richtigen Seite plaziert werden. Aus Gründen der Übersichtlichkeit sollte man für Fußnoten eine andere Numerierung wählen als für Endnoten.

Bei Fußnoten ist zu beachten, daß die Zeilen, die sie benötigen, von den Zeilen abzurechnen sind, die insgesamt für eine Seite zur Verfügung stehen. In der Standardeinstellung sind das, wie Sie sich erinnern, 58 Druckzeilen.

Erstellen und Ändern von Fuß- und Endnoten

Beim Erstellen von Fußnoten fahren Sie mit der Lichtmarke unmittelbar hinter den Text, der mit einem Fußnotenverweis versehen werden soll. Drücken Sie bitte <STRG><F7>, und in der Statuszeile taucht das Fußnotenmenü auf:

1 Aufz; 2 Bearb; 3 Neue Nr; 4 Zusätze; 5 Aufz. Endnote;

6 Bearb. Endnote: 0

Wählen Sie die <1>, dann taucht auf Ihrem Monitor folgendes Bild auf:

Bild 19: Einfügen einer Fußnote

Wenn Sie nun hinter der 1 <SCHRITTSCHALTUNG> drücken und schreiben "Hier steht die erste Fußnote", haben Sie problemlos ihre Fuß-note erstellt. Mit EXIT <F7> kehren Sie in den Text zurück. WordPerfect hat Ihre Fußnotennummer in den Text eingefügt. Wenn Sie sich überzeugen wollen, welchen Text diese Fußnote enthält, drücken Sie die Tastenkombination STEUERZEICHEN <ALT><F3>; Es werden daraufhin die ersten fünfzig Buchstaben des Fußnotentextes gezeigt. Wenn der Text länger ist oder Sie ihn bearbeiten wollen, dann können Sie sich die Fuß-note mit <STRG><F7>,<2> auf den Bildschirm holen.

Das Einfügen und Ändern von Endnoten unterscheidet sich von der Bearbeitung der Fußnoten nur insoweit, als man nach Drücken von <STRG><F7> die Option Bearb.Endnote <5> eingibt.

Änderung der Standardvorgaben bei Fuß- und Endnoten

Wissenschftler haben sich im Laufe der Zeit häufig eine bestimmte Art der Fußnotenbezeichnung angeeignet. WordPerfect bietet hier die Möglichkeit, die Standardvorgaben bei der Erstellung von Fuß- und Endnoten zu ändern. Drücken Sie bitte die Tastenkombination <STRG><F7><4>. Es erscheint sodann auf Ihrem Bildschirm das Menü "Spezifikationen Fußnote".

```
Spezifikationen Fußnote

   1 - Zeilenabstd in F/E-Noten          1
   2 - Zeilenabstd zu F/E-Noten          1
   3 - Absatzschutz (wieviel Zellen?)    3
   4 - Fußnoten-Nr jede Seite neu?       N
   5 - Fußnoten-Numerierung              0
   6 - Endnoten-Numerierung              0
   7 - Separator zu Text und Fußnoten    1
   8 - Fußnoten am Seitenende            J
   9 - Sonderzeichen für Numerierung     *
   A - Z-folge für Fußnoten im Text      [Hoch][Fußn]
   B - Z-folge für Endnoten im Text      [Hoch][Fußn]
   C - Z-folge für Fußn in Fußnote          [Hoch][Fußn]
   D - Z-folge für Endn in Endnoten      [Fußn],

   Für Eingabe 5 + 6:            Für Eingabe 7:
      0 - Ziffern                   0 - Keine Linie
      1 - Sonderzeichen             1 - Linie, 2 Zoll
      2 - Buchstaben                2 - Linie über gesamte Seite
                                    3 - 2 Zoll Linie mit Text "Forts."

Auswahl: 0
```

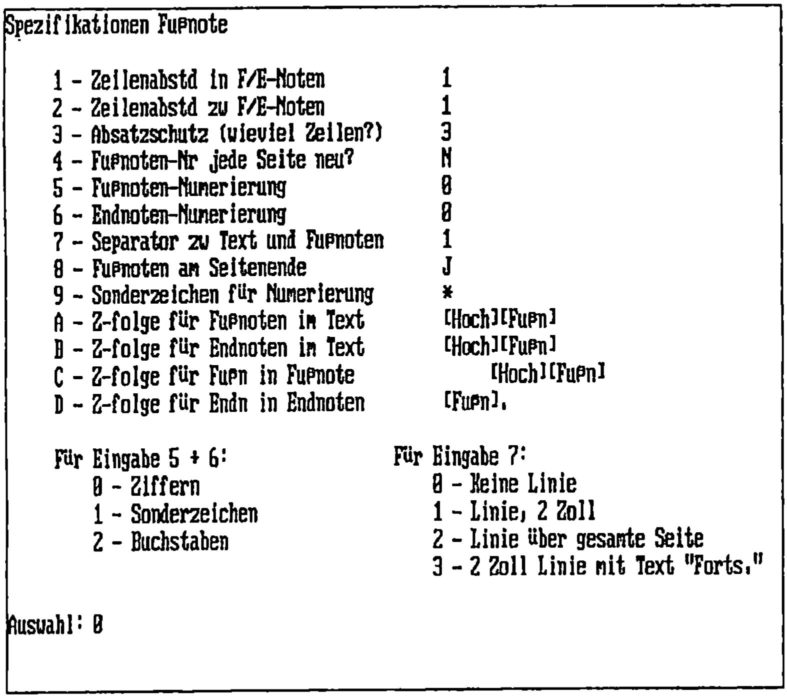

Bild 20: Fuß-/Endnoten: Veränderung der Standardvorgaben

Mit <1> oder <2> ändern Sie den vorgegebenen einzeiligen Zeilenabstand.

Mit <2> können Sie die Leerzeilen zwischen den einzelnen Fuß- und Endnoten bestimmen.

<3> bestimmt, wie viele Zeilen zusammengehalten werden sollen. Die Standardeinstellung von WordPerfect hält drei Zeilen.

Mit <4> können Sie bestimmen, ob die Fuß- bzw. Endnoten auf jeder Seite oder durch den Text hindurch erfolgen soll.

<5> und <6> ändern die Numerierungsart Ihrer Fuß- und Endnoten entsprechend der unten im Menü aufgeführten Möglichkeiten.

Mit <7> bestimmen Sie den Separator zwischen Text und Fußnoten, und <8> bewirkt, daß die Fußnoten immer am unteren Seitenrand ausgegeben werden.

Mit den Optionen <A> bis <D> können Sie die Art der Fuß- bzw. Endnotenausgabe ändern.

Fuß- bzw. Endnoten Löschen

Eine Fuß- und Endnote können Sie löschen, indem Sie die Lichtmarke auf die betreffende Fuß- bzw. Endnote plazieren und die Taste <LÖSCH> drücken. WordPerfect wird Sie fragen:

       Löschen [Fußn]? (J/N)N

Wenn Sie sicher sind, geben Sie <J> ein. Die übrigen Fußnoten werden korrekt umnumeriert.

Fußnotennummern Ändern

In Ihrem Text können Sie jederzeit die Nummern der Fußnoten ändern. Drücken Sie <STRG><F7> und <3>, und vereinbaren Sie auf die Frage

       Fußnoten-Nr.?

eine neue Nummer. Bestätigen Sie den Befehl mit <RETURN>. Word Perfect sortiert die übrigen Nummern um.

TEXTSPALTEN

Die jüngste Generation ansprungsvoller Textverarbeitungsprogramme beherrscht selbstverständlich auch den Spaltensatz. Den Text in Form von Spalten zu Papier zu bringen, bietet sich immer dort an, wo möglichst viel Information auf begrenztem Raum an den Mann gebracht werden soll. Zeitungen benutzen Spaltensatz, aber auch bei Broschüren, Presseinfos und Plakaten ermöglichen Textspalten eine bessere Übersicht.

Außer der Einrichtung von Textspalten im Zeitungsstil - wobei fortlaufend gespeicherter Text in vertikal eingerichtete Spalten fließt - gibt es auch parallele Spalten. Wenn Sie beispielsweise schon einmal in ein zweisprachiges Buch hineingeschaut haben, in dem auf der linken Seite der fremdsprachige und auf der rechten der deutsche Text steht, dann ist dieser Text meist in parallelen Spalten angeordnet.

Mit WordPerfect können Sie pro Zeile (max. 250 Anschläge) bis zu 24 Spalten einrichten, die auch auf dem Bildschirm abgebildet werden können.

Beim Einrichten von Textspalten sind drei Schritte notwendig:

> 1. Definition der Textspalten
>
> 2. Spaltenmodus einschalten
>
> 3. Text eingeben und bearbeiten.

Die Breite der Spalten können Sie selbst bestimmen. Man kann gleiche Spalten einrichten - dann ist die Spaltenbreite bei jeder Spalte gleich. Man kann aber auch verschieden breite Spalten definieren. Bei den gleichen Spalten legt Word Perfect den aktuellen linken und rechten Rand zugrunde und ermittelt die übrigen Ränder der Spalten automatisch. - Bei verschieden breiten Spalten müssen Sie die Ränder selbst ausrechnen.

ZEITUNGSSPALTEN - DEFINITION

Zunächst werden Sie sich hinsichtlich des Spaltenlayouts ein bißchen Kopfzerbrechen machen müssen. Zu klären sind die Fragen: Spaltentyp, Anzahl der Spalten, Zwischenräume und Ränder?

Mit der Tastenkombination MATH/SPALTEN <ALT><F7> bekommen Sie die Meldung

> 1 Rechnen ein 2 Rechnen def 3 Spalten ein/aus 4 Spalten def
>
> 5 Spalten darstellen: 0

Mit <4> gelangen Sie in das Menü "Textspalten-Definition".

```
Textspalten definieren

Textspalten in gleichen Abständen? (J/N) N
    Wenn ja, Anzahl der Leerschritte zwischen Spalten eingeben:
    Spaltentyp: 1
            1 - Zeitungsstil
            2 - Parallel mit Blockschutz

    Anzahl der Textspalten (2-24): 8

    Spalte   Links   Rechts   Spalte   Links   Rechts
     1:                       13:
     2:                       14:
     3:                       15:
     4:                       16:
     5:                       17:
     6:                       18:
     7:                       19:
     8:                       20:
     9:                       21:
    10:                       22:
    11:                       23:
    12:                       24:
```

Bild 21: Definition von Textspalten

Da ein Beispiel besser ist, als die ausgefuchsteste Erklärung, drücken Sie jetzt <ALT><F7><4>.

Wählen Sie mit <J> die Einrichtung gleichmäßiger Spalten. Geben Sie anschließend bei der Anzahl der Leerschritte zwischen den Zeilen eine <2> ein, und bestätigen Sie mit <RETURN>. Beantworten Sie die Frage nach

    1 - Zeitungsstil

    2 - Parallel mit Blockschutz

mit <1>. Bei der Frage nach der Anzahl der Textspalten geben Sie <2> ein.

Auf dem Monitor erscheint die Einteilung der Spalten.

Gehen Sie mit <RETURN> in die Menüzeile zurück. Drücken Sie bitte die SPALTENFUNKTION <3>. Wenn Sie jetzt einen Text eingeben, wird dieser automatisch in die eingerichteten Spalten um gebrochen. Wir wollen uns diese Arbeit erleichtern und rufen die Datei presse2.txt auf. Schalten Sie mit der Lichtmarkensteuerung ans Ende der Seite, dann wird der Text in Spaltenform auf Ihrem Monitor erscheinen. Damit beide Spalten ungefähr gleichlang sind, habe ich vor "Verwaltungsaufgaben elegant zu lösen" eine FESTE NEUE ZEILE <STRG><SHIFT> eingegeben und bin damit automatisch in die zweite Zeile gesprungen. Der Text müßte folgendes Aussehen haben:

Hotelverwaltung:
Vorspann:
Oscar Wilde, der als anspruchsvoller Gast einen geradezu legendären Ruf besaß, sagte über sich selbst, er habe einen ganz schlichten Geschmack von allem nur das Beste. Ein Hotel, das so einen Gast zufriedenstellen will, darf sich in seinem Angebot nicht auf Aushängeschilder, wie Lage, Küche, Keller und Räumlichkeiten beschränken, sondern muß auch den Service optimieren, der nicht unmittelbar wahrgenommen wird.

Probleme der Organisation:
Erst wenn die Organisation eines Hotels reibungslos läuft, wird sich bei Reisenden, Urlaubern und Tagungsteilnehmern das Gefühl des "absoluten Wohlbehagens" einstellen. Die GUBSE, Saarbrücken, hat dieser Entwicklung im Hotelbereich Rechnung getragen und bietet unter der Bezeichnung SIHOT ein integriertes Programmpaket an, das in der Lage ist, auch komplizierteste Verwaltungsaufgaben elegant zu lösen.

Zielvorstellung:
Unsere Aufgabe ist es, der Hotelführung nicht nur eine computerunterstützte Lösung ihrer vielfältigen organisatorischen Probleme anzubieten, sondern auch eine sorgfältige Einarbeitung zu gewährleisten, umreißt die Geschäftsführung GUBSE ihr Unternehmensziel.

SIHOT unter Unix:
SIHOT wurde für Hotels mit mehr als 50 Zimmern entwickelt - wobei die Zimmerverwaltung, was die Zahl der Räume angeht, nach oben hin nicht begrenzt ist. Das Programm läuft derzeit unter dem Betriebssystem UNIX/SINIX.

Grundmodul /
Erweiterungsmodul:
SIHOT wird in einem Grundmodul und mehreren Erweiterungsmodulen angeboten. Bereits die Grundversion beinhaltet neben den üblichen Leistungen einer anspruchsvollen Hotelorganisation einen grafischen Reservierungs- und Belegungsplan, bei dem ein Blick auf den Bildschirm genügt, um erkennen zu können welche Zimmer wann und wie lange gebucht sind.

Die Lichtmarke können Sie ganz normal innerhalb der Spalten bewegen. Nur wenn Sie von einer Spalte zur anderen wechseln wollen, drücken Sie bitte die Kombination <STRG>,<POS1>,<> oder <STRG>,<POS>,<.

Die Texterfassung im Spaltenmodus unterscheidet sich nur unwesentlich vom normalen Schreiben. Sie füllen die Spalten nach und nach, von links nach rechts. Sind Sie am Ende der Seite, also in der rechten Spalte unten, angekommen, springt der Cursor auf der neuen Seite in die linke Spalte oben. Sie können mit der Textaufnahme fortfahren.

Sie verlassen die Spaltenfunktion wieder durch Drücken der Kombination <ALT><F7>,<3>.

PARALLELE SPALTEN

Bei Zeitungsspalten fließt der Text bei Einfügungen und Änderungen ungehindert von einer Spalte in die nächste. Oft ist so etwas aber nicht erwünscht. Wenn sich beispielsweise eine Textspalte auf den daneben stehenden Text bezieht, dann muß diese Beziehung auch bei Veränderungen erhalten bleiben. Diese Art von Spaltenorganisation bezeichnet man mit "Parallele Spalten".

Um parallele Spalten einzurichten, drücken Sie die Tastenkombination <ALT><F7>,<4>, um zum Menü "Textspalten definieren" zu kommen. Bejahen Sie bitte die Frage:

Textspalten in gleichen Abständen (J/N): N

Die Leerschritte zwischen den Spalten geben Sie wieder mit <2>,<RETURN> an.

Bei der Frage nach dem Spaltentyp antworten Sie <2> für parallele Spalten. Ebenfalls <2> geben Sie für die Anzahl der Spalten an. Mit EXIT <F7> gelangen Sie wieder in Ihren Text.

Probieren Sie das Ganze einmal aus: Laden Sie die Datei presse2.txt. Fahren Sie mit der Lichtmarke auf das "H" von Hotelverwaltung und markieren Sie das Wort mit der BLOCKFUNKTION <ALT><F4>,<STRG>,<>. ZENTRIEREN Sie mit <STRG><F6> und geben Sie dreimal <RETURN> ein, um den nachfolgenden Text abzusetzen. Jetzt richten Sie vor dem "V" von Vorspann - wie oben beschrieben - die Textspalten ein: <ALT><7>,<4> <J> <2><RETURN> <2> <2> <EXIT>.

Die Menüzeile taucht wieder auf, und Sie schalten den Spaltenmodus mit <3> ein. Steuern Sie bitte die Lichtmarke auf das "O" von Oscar Wilde. Diesen Absatz wollen wir in die zweite Parallelspalte übernehmen. Sie wechseln anders als bei der Zeitungsspalte bei der parallelen Spalte mit <STRG><SHIFT> in die nebenstehende Spalte. Mit dem Wechsel wird der folgende Text übernommen. Wiederholen Sie den Vorgang mit den folgenden Überschriften und den jeweiligen Abschnitten.

Bei der fließenden Texteingabe in die parallelen Spalten schreiben Sie zuerst den Text, der in der linken Spalte stehen soll, und schalten Sie dann mit <STRG><SHIFT> in die nächste Spalte. Aus Platzgründen lasse ich die beiden letzten Abschnitte des Textes "Hotelverwaltung" weg. Der Text auf Ihrem Monitor müßte jetzt folgendermaßen aussehen.

Hotelverwaltung

Vorspann	Oscar Wilde, der als anspruchsvoller Gast einen geradezu legendären Ruf besaß, sagte über sich selbst, er habe einen ganz schlichten Geschmack - von allem nur das Beste. Ein Hotel, das so einen Gast zufriedenstellen will, darf sich in seinem Angebot nicht auf Aushängeschilder, wie Lage, Küche, Keller und Räumlichkeiten beschränken, sondern muß auch den Service optimieren, der nicht unmittelbar wahrgenommen wird.
Probleme der Organisation	Erst wenn die Organisation eines Hotels reibungslos läuft, wird sich bei Reisenden, Urlaubern und Tagungsteilnehmern das Gefühl des "absoluten Wohlbehagens" einstellen. Die GUB-SE, Saarbrücken, hat dieser Ent- wicklung im Hotelbereich Rechnung getragen und bietet unter der Bezeichnung SIHOT ein integriertes Programmpaket an, das in der Lage ist, auch komplizierteste Verwaltungsaufgaben elegant zu lösen.
Zielvorstellung	Unsere Aufgabe ist es, der Hotelführung nicht nur eine computerunterstützte Lösung ihrer vielfältigen organisatorischen Probleme anzubieten, sondern auch eine sorgfältige Einarbeitung zu gewährleisten, umreißt die Geschäftsführung GUB-SE ihr Unternehmensziel.

SPALTEN BEARBEITEN

Es kann sein, daß die von Ihnen eingerichteten Spalten nicht passen oder unglücklich aussehen. Um wieder den normalen Text zurückzugewinnen, löschen Sie einfach den versteckten Spaltenmodus [SpalAn]. Dazu drücken sie die Kombination STEUERZEICHEN <ALT><F3> und fahren mit der Lichtmarke hinter das Steuerzeichen und betätigen die <RÜCKTASTE>. Der Text erscheint dann wieder in der normalen Form. Um die Spaltendefinition zu ändern, suchen Sie den versteckten Code [SpalDef], löschen ihn auf die gleiche Weise, und sie können jetzt die Spalten neu einrichten. Sobald die neuen Werte eingegeben sind, werden alle Spalten wieder korrekt eingerichtet.

HINWEIS: Parallel zueinandergehörende Spalten, die eingerichtet wurden, werden von WordPerfect mit einem automatischen Blockschutz versehen, der sie vor dem Auseinanderbrechen bewahrt.

ARBEITEN MIT DEM LAUFWERKSVERZEICHNIS

Im Verlauf Ihrer Arbeit mit WordPerfect haben Sie bereits einige Funktionen kennengelernt, die sich auf das Laden, Speichern und Ausdrucken von Dateien bezogen - in gewisser Weise die Spitze des Eisberges. Für die Dateiverwaltung ist eigentlich das Betriebssystem MS-DOS zuständig. WordPerfect bietet aber umfangreichere Möglichkeiten und ist - wie wir gleich sehen werden - auch noch einfacher zu bedienen als das Betriebssystem. Wenn Sie Ihre Daten löschen, umbenennen, kopieren wollen, dann genügt dazu bei WordPerfect ein Tastendruck. Doch gehen wir der Reihe nach vor:

DAS INHALTSVERZEICHNIS

Mit der Funktionstaste DATEIVERZEICHNIS <F5> geben Sie WordPerfect den Befehl, das Laufwerk in der Statuszeile anzuzeigen, auf dem im Augenblick Ihre Daten gespeichert werden. Mit <RETURN> holen Sie sich das Inhaltsverzeichnis dieses Laufwerks auf den Bildschirm.

Nach dem Drücken von <F5> erscheint in der Statuszeile das Inhaltsverzeichnis, von dem aus WordPerfect gestartet wurde.

    Inh. A:*.*   (Mit = Standardlaufwerk ändern!)

Damit wird Ihnen die Möglichkeit geboten, das Laufwerk, mit dem Sie gerade arbeiten, zu ändern. Sie drücken einfach <=>. WordPerfect bestätigt Ihren Befehl mit der Meldung

    Neues Laufwerk/Verzeichnis: A:\

Die Lichtmarke blinkt unter "A". Sie geben jetzt den Namen des neuen Standardlaufwerks ein, drücken <:><RETURN> und sehen das Inhaltsverzeichnis des neuen Standardlaufwerks vor sich.

```
07.06.88 19:26      Dateiverzeichnis  A:\*.*
Dateigröße:      933                          Freie Kapazität:    975368

 <AKTUELL>   <VER>                 ,,<ÜBERGEO>  <VER>
ADRESS  .SD    223  03.06.88 19:15   BILD1  .PIX  2469  31.05.88 19:54
BILD10  .PIX  1922  03.06.88 12:43   BILD11 .PIX  3065  03.06.88 12:51
BILD12  .PIX  2183  03.06.88 14:42   BILD13 .PIX  2364  03.06.88 15:15
BILD14  .PIX  2322  03.06.88 20:39   BILD15 .PIX  2204  04.06.88 12:46
BILD16  .PIX  2285  04.06.88 13:25   BILD17 .PIX  2077  05.06.88 14:43
BILD18  .PIX  2511  06.06.88 14:42   BILD19 .PIX  2271  06.06.88 15:23
BILD2   .PIX  2232  31.05.88 20:02   BILD20 .PIX  1866  07.06.88 17:58
BILD21  .PIX  2500  07.06.88 10:40   BILD3  .PIX  2141  02.06.88 14:45
BILD4   .PIX  2352  02.06.88 15:33   BILD5  .PIX  2169  02.06.88 19:22
BILD6   .PIX  2076  02.06.88 19:23   BILD7  .PIX  2400  02.06.88 20:14
BILD8   .PIX  2131  03.06.88 10:35   BILD9  .PIX  2129  03.06.88 12:35
BINHALTS.     4115  12.01.88 17:20   BRIEF  .1     976  16.05.88 16:43
BRIEF   .2    1158  17.05.88 11:17   BRIEF  .3    1159  17.05.88 13:26
BRIEF   .PD    273  03.06.88 19:10   BVORWORT.    3075  15.05.88 19:44
EINLEITU.     5941  15.05.88 20:39   MEMO   .      300  17.05.88 17:56
PRESSE  .TXT  4917  03.06.88 11:15   PRESSE2 .TXT 1834  04.06.88 10:52
PRESSE3 .TXT  2193  04.06.88 15:36   UMSCHLAG.PD    17  03.06.88 20:35
WP01    .     4532  16.05.88 13:17   WP02   .    10268  16.05.88 12:57

1 Laden      2 Löschen      3 Umbenennen   4 Drucken      5 Text konvertieren
6 Anzeigen   7 Verz wechseln  8 Kopieren   9 Wort suchen  0 Ende: 6
```

Bild 22: Inhaltsverzeichnis' Laufwerk A

In der invers dargestellten obersten Zeile werden Datum, Zeit, Laufwerk, Verzeichnispfad und der auf der Diskette noch verfügbare Raum (Freie Kapazität) angezeigt. Wenn Sie aus einer Textdatei heraus das Dateiverzeichnis benutzen, zeigt WordPerfect ebenfalls den gegenwärtigen Umfang des Textes an (Dateigröße), der sich im Arbeitsspeicher befindet.

Unter der Kopfzeile finden sich in alphabetischer Reihenfolge die Namen der einzelnen Dateien, zusammen mit den Angaben Umfang, 17. August 1988, und Uhrzeit der letzten Bearbeitung und Speicherung.

Die invers dargestellte halbe Zeile, die in der Abbildung auf <AKTUELL> <INH> steht, ersetzt im Dateiverzeichnis die Lichtmarke. Sie können diese Zeile mit den Tasten <↑><↓><→><←> bewegen, mit <↑> und <-> an den oberen und unteren Rand des Bildschirms springen und natürlich auch mit <POS1><POS1> <↓> an die letzte Position des Verzeichnisses und umgekehrt.

Wenn Sie sich noch an den Namen der Datei erinnern, die Sie suchen, geben Sie diesen einfach ein, und die Dateizeile springt auf die gewünschte Dateibezeichnung. Gleichzeitig wird das Menü unterhalb des Verzeichnisses durch den Namen der Datei ersetzt. Wenn Sie nun mit <RETURN><LEERTASTE> oder STORNO <F1> Ihre getroffene Wahl bestätigen, erscheint das Menü wieder.

Datei Laden

Dateien kann man nicht nur mit der Tastenkombination <SHIFT><F10> laden, sondern man kann sie auch direkt aus dem Inhaltsverzeichnis laden. Steuern Sie die Zeilenmarkierung auf die Datei, die Sie laden wollen, und geben Sie <l> ein. Das Dateiverzeichnis verscwindet dann vom Bildschirm und wird von der Datei ersetzt. Falls Sie bereits an einem Text arbeiten, wird die Datei angefügt, wenn Sie sich am Ende des Textes befinden - sie wird eingefügt, wenn Sie sich mitten im Text befinden. Das Einfügen geschieht immer von der Position der Lichtmarke aus nach rechts.

Die Datei, die Sie so auf Ihren Bildschirm bringen, wird von WordPerfect als Kopie "aufbewahrt". Sie können also diese Datei nach Belieben ändern, ohne befürchten zu müssen, die ursprüngliche Fassung sei damit verloren. Bitte denken Sie aber daran, daß, wenn Sie die überarbeitete Datei unter demselben Dateinamen abspeichern, die Ursprungsdatei überschrieben wird.

Datei Löschen

Wenn Sie den Lichtmarkenbalken auf die Datei gebracht haben, die Sie löschen wollen, drücken Sie bitte <2>. Das Löschen einer Datei ist ein Schritt von einiger Tragweite, deshalb vergewissert sich WordPerfect vorsorglich

Löschen A:\PRESSE1.TXT? (J/N) N

und bietet gleich die Option "Nein" an, um versehentliches Löschen zu verhindern. Gelöschte Dateien sind nur unter großem Aufwand wiederherzustellen. Wenn Sie häufig Dateien löschen müssen, besorgen Sie sich am besten ein Dienstprogramm (SECOND CHANCE, NORTON UTILITIES), mit dem man relativ einfach gelöschte Dateien wieder lesbar machen kann. Wenn Sie ein <J> eingeben, verschwindet der Name der Datei, und die Zeile im Inhaltsverzeichnis bleibt so lange frei, bis das Verzeichnis erneut geladen wird.

Datei Umbenennen

Mit <3> haben Sie die Möglichkeit, Dateien umzubenennen. Nach Eingabe von <3> fragt WordPerfect:

Neuer Name:

Jede beliebige Bezeichnung ist jetzt möglich, vorausgesetzt, die Bezeichnung erfüllt die von MS-DOS vorgegebenen Spezifikationen. Mit <RETURN> bestätigen Sie Ihren Befehl. Sie sehen jetzt, daß die ursprünglich alphabetische Reihenfolge der Dateien nicht mehr gegeben ist. Erst beim nächsten Laden des Dateiverzeichnisses erscheint die neu benannte Datei an der alphabetisch richtigen Stelle. Haben Sie versehentlich einen Namen gewählt, unter dem bereits eine Datei existiert, bringt WordPerfect die Meldung:

FEHLER: Name der Datei kann nicht geändert werden.

Datei Drucken

Mit der Option <4> in der Menüzeile unterhalb des Datenverzeichnisses können Sie einzelne Dateien komplett ausdrucken. Während des Druckvorgangs können Sie mit WordPerfect weiterarbeiten.

Wenn Sie mehrere Dateien aus dem Inhaltsverzeichnis ausdrucken wollen, dann fahren Sie die betreffenden Dateien mit dem Lichtbalken an und drücken <SHIFT><STERNCHEN>. Das Sternchen hat die Funktion eines Schalters. Durch erneutes Drücken schalten Sie das Sternchen wieder aus.

Die so gekennzeichneten Dateien werden in Reihenfolge gedruckt, wenn Sie jetzt <4> eingeben.

Während des Druckvorgangs können Sie WordPerfect nicht verlassen, ohne den Ausdruck zu unterbrechen. Wollen Sie dennoch ein anderes Programm nutzen, dann warnt das Programm Sie mit der Frage:

Alle Druckjobs löschen (J/N) N

Mit <J> können Sie den Druck unterbrechen und die Reihe der noch nicht gedruckten Dateien (Druckschlange) löschen.

Text Konvertieren

Wenn Sie eine Datei aus einem anderen Textverarbeitungs- programm, die im DOS-Format aufgezeichnet ist, übernehmen wollen, oder eine beliebige DOS-Datei im WordPerfect-Modus auf Ihren Bildschirm holen wollen, verwenden Sie bitte zum Aufruf der Fremddatei die Option <5>. Stellen Sie bitte zuvor die Ränder ein, da WordPerfect standardmäßig mit dem linken Rand auf Positon 10 beginnt - andere Textsoftware oftmals auf Postion 0. Die Datei wird dann ab der Lichtmarke in Ihren Text eingefügt.

Datei Anzeigen

Die Option <6> dient dazu, eben mal einen schnellen Blick in die betreffende Datei zu werfen, ohne diese erst zu laden und anschließend wieder vom Bildschirm entfernen zu müssen. Das Ganze könnte ungefähr so aussehen:

```
Dateiname A:\BVORWORT                          Dateigröße:      3092
Vorwort zu Word Perfect

Die Geschichte des Erfolges von Word Perfect und der
Mannschaft, die das Programm entwickelte und später auf den
Markt brachte, erinnert an ein modernes Märchen: Alles begann
im Sommer 1977, als Alan C. Ashton, Professor für Informatik
an der Brigham Young University, den Entwurf für ein
Textverarbeitungsprogramm zu Papier brachte, das sich
grundlegend von Programm des damaligen Marktführers für
Textsoftware, Wang, unterschied. Bereits die ersten Skizzen
Ashtons schlossen so innovative Möglichkeiten, wie einen
formatierten Text ein, der später so, wie man ihn auf den
Bildschirm sah, auch ausgedruckt werden sollte.

Zur gleichen Zeit arbeitete Bruce W. Bastian, heute Vor-
standsvorsitzender der Word Perfect Corporation, an einem
Projekt für seine Diplomarbeit in Informatik. Um die
Bewegungen einer marschierenden Kapelle in einem Stadion in
dreidimensionaler Grafik zeigen zu können, koppelte er drei
Computer zusammen. Die Realisierung seiner Arbeit, vor allem
aber deren Programmierung war so elegant, daß Professor
Ashton auf den jungen Mann aufmerksam wurde. Damals begann
ACHTUNG: Dieser Text wird nicht in WP-Format wiedergegeben.
Beliebige Taste drücken
```

Bild 23: Anzeigen einer Datei

In der ersten Zeile werden Dateiname und -umfang angegeben. In der zweitletzten Zeile wird darauf hingewiesen, daß der Text ohne Formatierungszeichen angezeigt wird. Sie können den Text mit <+> und, sowie <BILD> durchblättern. Eine Bearbeitung im Anzeigmodus ist nicht möglich. - Diese Funktion dient in erster Linie tatsächlich nur der Überprüfung, ob die gewählte Datei die richtige ist.

Wenn Sie Ihr Inhaltsverzeichnis in mehrere sogenannte Subdirectories untergliedert haben, dann erscheint hinter der Überschrift derjenigen Datei, die in eines der Subdirectories verzweigt, ein <DIR>. Wollen Sie einen Blick in das Unterverzeichnis werfen, bringen Sie den Lichtbalken auf diese Datei und drücken <6>. Anschließend können Sie sich die einzelnen Dateien anzeigen lassen.

Verzeichnis Wechseln

Beim Drücken von <7> erscheint immer das Verzeichnis auf dem Bildschirm, auf dem im Augenblick Ihr Text gespeichert wird. Es gibt zwei Möglichkeiten, um das Verzeichnis zu wechseln: Die erste besteht darin, nach Drücken der Taste DATEIVERZEICHNIS <F5> mit "=" und Eingabe eines anderen Laufwerksnamens (plus Pfad, wenn Sie einen solchen eingerichtet haben) zum neuen Dateiverzeichnis zu wechseln. Sie können aber auch von <7> Gebrauch machen. In diesem Fall erkundigt sich WordPerfect:

Neues Inhaltsverzeichnis =

Geben Sie jetzt den Namen ein. Sie können auch ein neues Inhaltsverzeichnis erstellen. Wenn Sie den Namen eines Verzeichnisses eingeben, das nicht bereits in Gebrauch ist, fragt das Programm:

Erstellen <Name des von Ihnen eingegebenen Verzeichnisses> (J/N)? N

In der Liste des Dateiverzeichnisses erscheint der Name dann an oberster Stelle. Wenn Sie versehentlich ein Unterverzeichnis löschen wollen (Lichtmarke auf die Datei Name<DIR> steuern und <2> eingeben), dann meldet sich WordPerfect mit:

Fehler: Bereich nicht leer.

Kopieren

Mit Option <8> erstellen Sie eine Kopie derjenigen Datei, die durch den Lichtbalken gekennzeichnet wird. Nach Drücken von <8> fragt Word-Perfect:

Kopieren nach:

Nach Eingabe der Laufwerksbezeichnung benennen Sie die Datei und bestätigen den Befehl mit <RETURN>. Die Datei wird dann auf dem Zieldiskettenlaufwerk unter dem Zieldateiverzeichnis gespeichert. Eine Datei gleichen Namens wird gegebenenfalls überschrieben.

Wort Suchen

Die Option <9> bietet Ihnen die Möglichkeit, Ihre auf Diskette gespeicherten Textdateien nach einem bestimmten Wort oder einer Wortkette zu durchsuchen. Bei der Suche wird nicht zwischen Groß- und Kleinschreibung unterschieden. Sie können den Suchbegriff also in beliebiger Form eingeben, müssen allerdings darauf achten, daß Leerstelle, Fragezeichen, Komma und Semikolon gesondert behandelt werden. Wenn Sie beispielsweise <Anton Schmitt> eingeben, dann müssen Sie den Suchbegriff in Anführungszeichen setzen.

Wenn WordPerfect den Suchvorgang abgeschlossen hat, werden sämtliche Dateien aufgelistet, in dem der gesuchte Begriff enthalten ist. Konnte der Begriff nicht gefunden werden, zeigt das Programm ein leeres Inhaltsverzeichnis.

Um Ihnen die Suche zu vereinfachen, bietet WordPerfect logische Operatoren an, mit denen Sie Wörter mit einer "Und- Verknüpfung" oder einer "Oder-Verknüpfung" verbinden können. Eine "Und-Verknüpfung" erreichen Sie, indem Sie die Wörter durch Leerzeichen oder Semikolon trennen. - Vergessen Sie nicht, den Begriff in Anführungszeichen zu setzen. Bei "Anton Schmitt" sucht WordPerfect alle Dateien nach den Suchbegriffen Anton und Schmitt ab.

Eine "Oder-Verknüpfung" erreichen Sie, wenn Sie die Wörter durch Komma trennen. Wenn Sie schreiben "Anton,Schmitt" sucht das Programm die Dateien danach ab, ob entweder "Anton" oder "Schmitt" in den Dateien des Verzeichnisses enthalten sind.

Die Suche nimmt - je nachdem, wie umfangreich das Dateiverzeichnis ist - einige Zeit in Anspruch.

Ende

Mit Drücken der Taste <0> kehren Sie wieder in den normalen Textmodus zurück - d.h. wenn Sie in einer Textdatei arbeiten, an die Stelle, von der aus Sie das Dateiverzeichnis aufgerufen haben. Sollten Sie keine Datei bearbeiten, zeigt WordPerfect den leeren Bildschirm, der zur Textaufnahme bereit ist.

WÖRTERBUCH UND THESAURUS

KORREKTURPROGRAMME

In den angelsächsischen Ländern haben sich Korrekturprogramme längst durchgesetzt, was daran liegt, daß die englische Sprache weit weniger zusammengesetzte Wörter aufweist als das Deutsche. Die Folge ist, daß deutsche Korrekturprogramme entweder einen Umfang annehmen, der ihre Anwendung nur noch auf schnellen Festplattenlaufwerken sinnvoll macht - oder daß sich die Softwareentwickler mit Kompromissen zufriedengeben, die dann aber nicht alle Regeln und Ausnahmen berücksichtigen. Die "Trefferquote" bei Trennungen und Wörtern ist also bei deutschen Korrekturprogrammen deutlich geringer als bei den englischen Gegenstücken. Bei Verwendung eines Korrekturprogramms sollte man auf ein Festplattenlaufwerk nicht verzichten. Korrekturprogramm und Thesaurus von WordPerfect können zwar auch mit Floppylaufwerken genutzt werden, doch ist die Handhabung umständlich. Angesichts der in der Vergangenheit rasch gefallenen Preise für Festplatten-Laufwerke sollte sich der Benutzer von WordPerfect, der auf das Korrekturprogramm nicht verzichten will, eine Harddisk installieren (ist ganz einfach und muß nicht mehr als ca. DM 400.- kosten).

Für jemanden, der Wert auf ein schnelles, nahezu perfektes Korrekturprogramm legt, bietet sich eigentlich nur der Erwerb einer speziellen Software an, die auch mit WordPerfect zusammenarbeitet, etwa "CARLOS". All jenen Benutzern, die ein Korrekturprogramm nutzen wollen, denen es aber weniger wichtig ist, daß von vornherein möglichst alle Begriffe aufgeführt sind, wird das Korrekturprogramm von WordPerfect vollkommen genügen. Das Lexikon ist ohne große Mühe erweiterbar, so daß man nach einiger Zeit gute bis sehr gute Ergebnisse bei der Rechtschreibprüfung erzielen kann.

Das Wörterlexikon von WordPerfect besitzt über 100.000 Einträge. Das Programm kann nicht nur falsch geschriebene Wörter auffinden und verbessern, sondern bietet auch die Möglichkeit, sich über Schreibweisen zu vergewissern. Falls Sie sich bei der Eingabe eines Wortes nicht sicher sind, ob Sie es richtig schreiben, können Sie dieses Wort entweder vor oder nach dem Schreiben nachschlagen. WordPerfect zeigt darüberhinaus Wörter mit ähnlicher Schreibweise und ähnlicher Aussprache an.

Das Synonymen-Wörterbuch THESAURUS arbeitet ganz ähnlich. Für bestimmte Wörter in Ihrem Text werden Ihnen Wörter mit ähnlicher oder gleicher Bedeutung aufgelistet. Sie können, beispielsweise um Ihren Stil zu verbessern, dann eines dieser Wörter in Ihren Text übernehmen.

THESAURUS und SPELLER, so die beiden Diskettenbezeichnungen der Programme, werden bei der Installation von WordPerfect automatisch auf Ihre Festplatte geladen, so daß Sie von Anfang an damit arbeiten können.

Texte Korrekturlesen

Sie können von WordPerfect ein Wort, einen Textblock, eine Seite oder die ganze Datei korrekturlesen lassen. Die Rechtschreibprüfung aktivieren Sie mit <STRG><F2>. Durch Drücken von <F1> können Sie das Korrekturprogramm jederzeit wieder verlassen.

Wenn Sie Ihren Text überprüfen lassen wollen, starten Sie wie gewohnt WordPerfect, schreiben den Text oder holen sich die Textdatei auf den Bildschirm.

Soll die Schreibweise eines Wortes geprüft werden, positionieren Sie die Lichtmarke auf das betreffende Wort oder unmittelbar dahinter. Bei der Überprüfung einer Datei muß sich die Lichtmarke auf einem beliebigen Punkt innerhalb dieser Datei befinden - nur beim "Checken" eines Textabschnitts müssen Sie diesen mit der Funktion BLOCK <ALT><F4> und LICHTMARKENSTEUERUNG vorher auszeichnen.

Drücken Sie jetzt die Tastenkombination LEXIKON <STRG><F2>. In der Menüzeile erscheint folgende Meldung:

Prüfen 1 Wort 2 Seite 3 Datei 4 Wörterb.wechs 5 Nachschl

6 Wortzähler

Wenn Sie <1> drücken, wird das betreffende Wort überprüft, bei <2> die Seite, auf der Sie sich befinden, und <3> sieht die ganze Datei durch. In der Statuszeile erscheint, wenn Sie einen längeren Text überprüfen, die Meldung

Bitte warten.

Überprüfen Sie lediglich ein einzelnes Wort; springt die Lichtmarke zum nächsten Wort, dann ist die Schreibweise korrekt. Ist das Wort falsch geschreiben, dann erscheint das Wort hell unterlegt auf dem Bildschirm. Unterhalb der gestrichelten Linie bietet WordPerfect Alternativschreibweisen an. Die Vorschläge für die richtige Schreibweise sind mit Buchstaben gekennzeichnet. Wollen Sie nun die korrekte Schreibweise übernehmen, drücken Sie einfach den Buchstaben des von WordPerfect angebotenen Wortes. Das Wort wird automatisch in Ihren Text übernommen.

Wenn Sie längere Textpassagen übernehmen, wird WordPerfect in der Statuszeile die Anzahl der Wörter des Textes anzeigen. In den USA wird bei professionellen Autoren ein Manuskript nach der Wortzahl honoriert - in der Bundesrepublik wegen der unterschiedlichen Wortlänge übrigens nach Druckzeilen - und der Autor kann auf einen Blick feststellen, ob er sich im Rahmen des Auftrags bewegt, bzw. mit welchem Honorar er rechnen kann. Nach Abschluß der Prüfung werden Sie aufgefordert, mit dem Drücken einer beliebigen Taste in den Text zurückzukehren.

HINWEIS: Sie können die Prüfung jederzeit durch Drücken von <F1> abbrechen.

```
Wortzähler

Wenn Sie <1> drücken, wird das betreffende Wort überprüft,
bei <2> die Seite, auf der Sie sich befinden, und <3> sieht
die ganze Datei durch. In der Statuszeile erscheint, wenn Sie
einen längeren Text überprüfen, die Meldung


Bitte warten.


Überprüfen Sie lediglich ein einzelnes Wort und springt die
Lichtmarke zum nächsten Wort, dann ist die Schreibweise
korrekt. Ist das Wort falsch geschreiben




                                    Txt 1   S 2   Z 36    Pos 58
```

Bild 24: Vorschläge für die korrekte Schreibweise eines Wortes

Wörter Ergänzen, Auswählen und Korrigieren

Wenn das Wort vom Programm nicht gefunden wird, müssen Sie sich für
eine der in der Menüzeile aufgeführten Möglichkeiten entscheiden:

1 1xÜbspr	Sie wollen die Schreibweise des Wortes an dieser Stelle beibehalten. WordPerfect überspringt einmal das Wort und fährt mit der Fehlersuche fort.
2 Übspr	Sie wollen die Schreibweise den Text hindurch beibehalten. WordPerfect hält bei diesem Wort nicht mehr an.
3 Ergänzen	Die Schreibweise ist richtig. Sie wollen das Wort in die Ergänzungswortliste aufnehmen.

4 Korrigieren

Wenn Sie die Schreibweise korrigieren wollen, springt die Lichtmarke auf das Wort. Sie können jetzt mit <RÜCKSCHRITT> und <LÖSCH> Ihre Korrektur anbringen. Mit <RETURN> veranlassen Sie dann WordPerfect mit der Überprüfung fortzufahren.

5 Nachschlagen

Sie wissen nicht genau, wie das Wort geschrieben wird. Das Programm bietet Ihnen eine Wortliste mit Wörtern an, die in Frage kommen. Wenn Sie sich hinsichtlich der Schreibweise absolut nicht sicher sind, können Sie einen oder mehrere Buchstaben durch ? oder * ersetzen.

Nehmen wir an, Sie wissen nicht, ob Wärme mit ä oder e geschrieben wird, dann geben Sie auf die Frage

Wort oder Wortscheme:

W?rme ein, und WordPerfect wird Ihnen mit einer Wortliste zu Hilfe kommen.

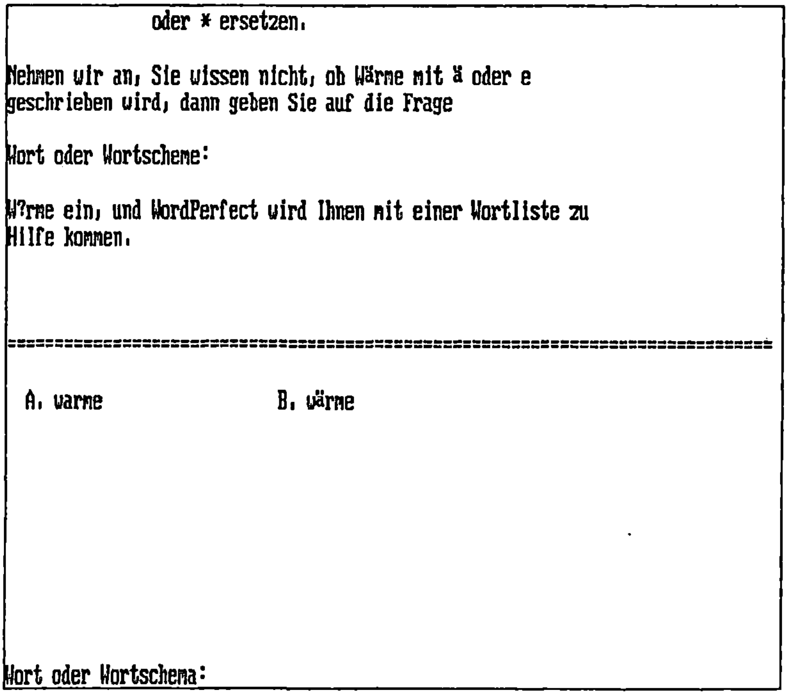

Bild 25: Wort oder Wortschema

6 Lautschrift — Wenn Sie ein Wort mit der Funktion "Nachschlagen" nicht finden, dann können Sie mit dieser Option ähnlich klingende Wörter auflisten.

HINWEIS: — Die Meldung von WordPerfect ändert sich, wenn zwei gleiche Wörter hintereinander stehen. Schreiben Sie "Die Frau, die die Wäsche aufhängt", dann meldet sich das Programm wie folgt:

Doppelwort 1 2 Übspr 3 Löschen 4 Bearbeiten 5 Dplwort-Prüfung aufheben

1 2 Übspr — Die beiden Wörter bleiben im Text stehen

3 Löschen — Ein Wort wird gelöscht (Vertipper)

4 Bearbeiten — Die Lichtmarke blinkt im Text auf, die Passage kann korrigiert werden.

5 Dplwort — Eine Folge derselben Wörter wird ignoriert -Prüfung aufheben

Das Rechtschreibprogramm überspringt Zahlenangaben, hält aber grundsätzlich bei Wörtern an, die Zahlen enthalten: 10mal. In diesem Fall erscheint folgendes Menü:

```
5 Dplwort      Eine Folge derselben Wörter wird ignoriert
-Prüfung
aufheben


Das Rechtschreibprogramm überspringt Zahlenangaben, hält aber
grundsätzlich bei Wörtern an, die Zahlen enthalten: 10mal. In
diesen Fall erscheint folgendes Menü:




=========================================================================

A. ma          B. mac          C. mad
D. mag         E. mahl         F. mai
G. mail        H. mal          I. male
J. malt        K. malz         L. man
M. mao         N. map          O. maul
P. max         Q. meile        R. mole
S. molle       T. müll

Nicht gefunden! Wort oder Menü wählen (0=Fortsetzen): 0
1 2 Überspringen  3 Wörter mit Ziffern ignorieren  4 Bearbeiten
```

Bild 26: Meldung bei Wörtern mit Ziffern

Wollen Sie sämtliche Wörter mit Ziffern überspringen, wählen Sie <3>.

Wörterbuch Wechseln

Das Rechtschreibprogramm bietet Ihnen, abgesehen von der Prüfung eines Wortes, Abschnitts und einer Datei noch weitere Möglichkeiten. Mit der Option <4> können Sie das Wörterbuch wechseln und weitere Haupt- bzw. Nebenwörterbücher einrichten. Wenn Sie beispielsweise Berichte zu einer bestimmten wissenschaftlichen Disziplin schreiben, dann ist es vorteilhaft, wenn Sie ein fachspezifisches Wörterbuch anlegen, weil sonst das Hauptwörterbuch schnell einen zu großen Umfang annehmen könnte. Außerdem ist es nicht nötig, bei einem normalen Text jedesmal auch die fachspezifischen Ausdrücke mitprüfen zu lassen.

Wenn Sie also die Option <4> eingeben, dann erscheint die Meldung:

Name neues Basis-Wörterbuch: C:\WORP\LEX.WP

Wenn Sie dieses Wörterbuch beibehalten wollen, geben Sie <RETURN> ein. Wollen Sie ein anderes Basis-Wörterbuch wählen, geben Sie dessen Bezeichnung ein und bestätigen wiederum mit <RETURN>. WordPerfect gibt dann die Meldung:

Name neue Ergänzungs-Wortliste: C:\WORDP\(WP)LEX.SUP

Mit <RETURN> gehen Sie in diese Ergänzungs-Wortliste. Sie haben aber auch die Möglichkeit, eine neue Bezeichnung einzugeben und diese mit <RETURN> zu bestätigen.

Die Option NACHSCHLAGEN <5> benutzen Sie, wenn Sie hinsichtlich der Schreibweise unsicher sind. WordPerfect bietet Ihnen dann den direkten Zugriff auf das Lexikon an. Auf die Aufforderung

Wort oder Wortschema:

schreiben Sie das betreffende Wort in der Ihnen richtig scheinenden Schreibweise, und WordPerfect wird Ihnen die korrekte Schreibweise zeigen, bzw. andere Wörter, die vielleicht in Frage kommen.

Wenn Sie, was selten vorkommen dürfte, die Wörter Ihres Textes, den Sie gegenwärtig bearbeiten, zählen wollen, wählen Sie die Option <6>. Nach kurzer Wartezeit erscheint die Zahl in der Statuszeile. Mit der Betätigung einer beliebigen Taste befinden Sie sich wieder in Ihrem Text.

THESAURUS

Vielleicht wissen Sie, daß der Wortschatz einer fremden Sprache in einen aktiven - der Ihnen jederzeit zur Verfügung steht - und einen passiven - Sie kennen die Vokabeln - zerfällt. Bei einem Menschen, der lange nicht im Ausland gelebt hat, verkümmert der aktive Wortschatz nach und nach. Die Folge ist, daß Briefe oder Berichte, die an einen Partner, beispielsweise in England oder den Vereinigten Staaten, gehen sollen, oft ungelenk wirken. Man wiederholt sich. WordPerfect bietet hierzu ein Synonymenwörterbuch, das ebenso gut wie einfach zu bedienen ist.

Wenn Sie englischen Text schreiben, steuern Sie die Lichtmarke einfach auf das Wort, das Sie gerne durch ein anderes ersetzt haben möchten, und drücken <ALT><Fl>. Sie können sich aber auch durch Querverweise die Bedeutung eines Wortes erschließen. Beispiel: Sie sind dabei, einen Brief zu schreiben und verwenden das Wort "merchandise". Allerdings sind Sie sich nicht ganz hundertprozentig sicher, ob das Wort das ausdrückt, was Sie sagen wollen. Sie wissen nur, daß das Wort irgend etwas mit "Markt, vermarkten, Absatz" zu tun hat. Sie können sich einfach vergewissern: Steuern Sie die Lichtmarke auf das Wort und drücken Sie <ALT><Fl>. WordPerfect bringt Ihnen das folgende Bild auf den Monitor:

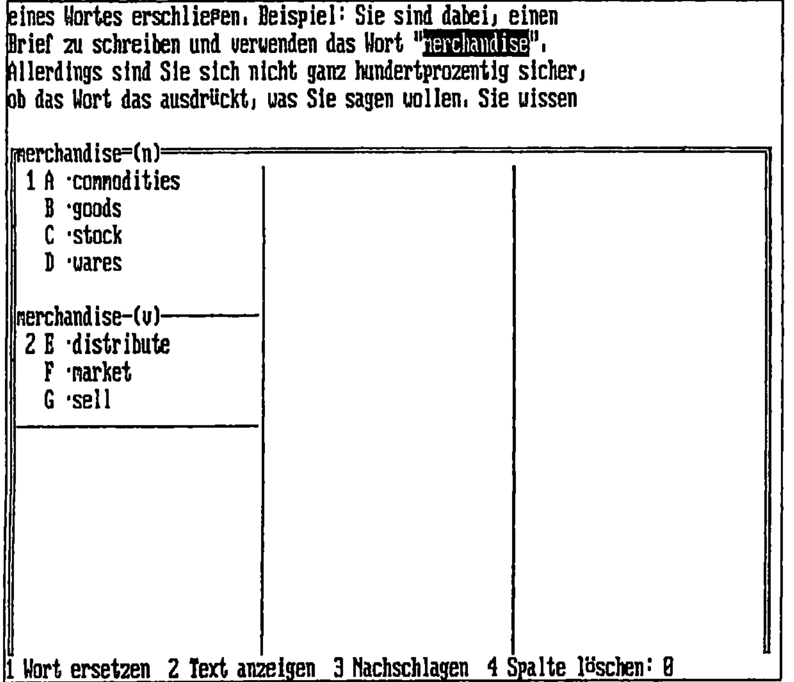

Bild 27: Thesaurus und Menü

Wie Sie sehen, werden zu merchandise entsprechene Substantive (n) und Verben (v) angezeigt. Wörter, die mit einem Punkt ausgezeichnet sind, können wiederum angewählt und auf Synonymen überprüft werden.

Sie können, wenn Ihnen der gewählte Ausdruck nicht treffend erscheint, das Wort durch eines der auf der Wortliste aufgeführten, ersetzen.

Der THESAURUS bietet Ihnen vier Optionen:

1 Wort ersetzen	Geben Sie einfach von dem Wort, das Ihnen treffend erscheint, den Kennbuchstaben ein, und WordPerfect tauscht die Wörter aus.
2 Text anzeigen	Die Lichtmarke kehrt wieder in den am oberen Rand des Bildes gezeigten Text zurück. Nun können Sie weitere Wörter ansteuern und THESAURUS durch Drücken der Taste EXIT <F7> wieder aktivieren.
3 Nachschlagen	Diese Option ermöglicht Ihnen eine Wörterbuchfunktion. Sie können Begriffe nachschlagen, die nicht im Text stehen
4 Spalte löschen	Wenn Sie aus von den Wörtern, die THESAURUS in der ersten Spalte anbietet, weitere Synonyme wählen, verschiebt das Programm die Spalten. In der ersten Spalte erscheint immer Ihre letzte Anwahl. Benötigen Sie die Begriffe in einzelnen Spalten nicht mehr, drücken Sie <4>.

Mit <RETURN> bestätigen Sie den Standardvorschlag von THESAURUS und kehren in Ihren Text zurück.

RECHENOPERATIONEN

Entgegen einer weitverbreiteten Meinung braucht man kein Tabellenkalkulationsprogramm, um einfache Rechnungen zu erledigen. WordPerfect bietet, was Rechenoperationen angeht, zwar nicht das "Nonplusultra", doch um Zahlenmaterial in Rechnungen unterzubringen und Geschäftsberichte in Tabellenform zu erstellen genügen die Leistungsmerkmale des Programms vollkommen. Wer es etwas bequemer haben möchte, dem rate ich zu WordPerfect-Library, einer sinnvollen Ergänzung des Textverarbeitungsprogramms, die ein recht komfortables Rechenprogramm beinhaltet. Zweifellos gibt es auch Textverarbeitungsprogramme, die hinsichtlich der Darstellung von Formeln bequemer zu bedienen sind. WordPerfect richtet sich an eine Vielzahl von Anwendern - und die Möglichkeiten, die das Programm bietet, sind so vielfältig, daß eine bis ins letzte ausgefeilte wissenschaftlich/mathematische Option den Rahmen des möglichen wohl gesprengt hätte.

Dennoch soll betont werden, daß die Berechnung von mathematischen Formeln natürlich auch mit WordPerfect möglich ist. Nur - andere Programme können so etwas besser. Wir wollen uns daher an dieser Stelle mit einfachen Rechnungen begnügen.

WordPerfect stellt Rechenfunktionen zur Verfügung, mit denen sich ohne weiteres Rechnungen und, in Verbindung mit den vier Grundrechenarten, auch kleinere Kalkulationen erstellen lassen. Die Eingabe von Zahlen und die Berechnung von Summen erfordert zunächst die Definition von Rechenspalten.

Bei der Berechnung von Summenspalten gehen Sie folgendermaßen vor:

- Tabulatorstops setzen

- Rechenfunktion einschalten <ALT><F7>,<1>

- Zahlen in Spaltenform eingeben

- Berechnung der Zwischen- und Hauptsummen

- Rechenfunktion ausschalten

TABULATORSTOPS SETZEN

Sie werden sich erinnern, daß Tab-Stops auf jeder fünften Position des Zeilenlineals eingerichtet sind. Diese Tabulatoren stehen zur Lösung von Rechenaufgaben zu eng beieinander. Der erste Schritt beim Einrichten neuer Tabulatoren besteht darin, zunächst einmal die bestehenden Tabulatoren zu löschen. Drücken Sie dazu die Tastenkombination ZEILEN-FORMAT <SHIFT><F8>,<1> und <STRG><END>.

HINWEIS: Wenn die Rechenfunktion eingeschaltet ist, verhält sich die Taste TAB wie <STRG><F6>.

Sie können bis zu 24 Spalten einrichten (A-X). Die erste Zahlenspalte wird beim ersten Tab-Stop eingerichtet und nicht wie im Textmodus am linken Rand. Weiterhin können Sie jede einzelne Spalte als Textspalte oder als numerische Spalte definieren. WordPerfect sieht die Spalten standardmäßig als numerische an.

RECHENOPERATOREN

Damit WordPerfect eine Summe für Sie errechnen oder einfügen kann, müssen Sie zuvor die Rechenoperatoren eingeben.

Dabei können Sie folgende Operatoren benutzen:

Zwischensumme derjenigen Zahlen, die auf die letzte Zwischensumme folgten

t	vor einer Zahl berechnet eine zusätzliche Zwischensumme
=	Addiert die Zwischensummen
T	vor einer Zahl berechnet eine zusätzliche Summe
*	Hauptsumme aus allen vorhergehenden Summen

Zur Berechnung muß die Rechenfunktion eingeschaltet sein. Sie haben die Wahl, ob Sie die Summen direkt nach der Eingabe Ihrer Zahlen berechnet haben wollen <ALT><F7>,<2>, oder ob WordPerfect die Summe erst nach Eingabe aller Zahlen berechnen soll.

Erstellen einer Rechnung

Um Ihnen den Arbeitsablauf beim Rechnen mit Rechenspalten zu verdeutlichen, wollen wir eine typische Rechnung schreiben.

Starten Sie WordPerfect und schreiben Sie

- Hotel Kaiserhof <RETURN>
- Kaiserstr. 18 <RETURN>
- 6600 SAARBRÜCKEN <RETURN><RETURN><RETURN>
- Sehr geehrte Damen und Herren,
  <RETURN><RETURN><RETURN>
- aufgrund Ihrer Bestellung vom 1.8.1988 lieferten wir
  <RETURN><RETURN>
- Artikel - geben Sie fünfmal <TAB> ein, um auf Position 40 zu gelangen. Schreiben Sie Menge und drücken Sie zweimal <TAB>, um auf Position 55 zu gelangen. Schreiben Sie Preis und drücken danach zweimal <RETURN>

- Nun müssen Sie die vorhandenen Tabulatorstops löschen und zwei neue, die Sie für Menge und Preis benötigen, einfügen:
- Drücken Sie <SHIFT><F8><1>, danach <STRG><END>. Jetzt sind die Tab-Stops gelöscht. Geben Sie <40><RETURN> und <55><RETURN> ein. Auf dem Zeilenlineal sind nun auf den beiden entsprechenden Positionen zwei neue Tabs eingerichtet. Drücken Sie EXIT <F7>.
- Wenn Sie nun MATH/SPALTEN <ALT><F7> drücken, erscheint die Menüzeile:
  1 Rechnen ein 2 Rechnen def 3 Spalten ein/aus 4 Spalten def 5 Spalten darstellen: 0
- Mit <1> schalten Sie die Rechenfunktion ein.

Hotel Kaiserhof
Kaiserstr. 18
6600 SAARBRÜCKEN

Sehr geehrte Damen und Herren,

aufgrund Ihrer Bestellung vom 1.8.1988 lieferten wir

Artikel	Menge	Preis
Whisky		
Jack Daniels	10	180,00
Chivas Regal	5	160,00
Johny Walker	10	210,00
Zwischensumme		550,00
Wein		
Elsässer Riesling	120	620,00
Pinot Noir	60	350,00
Gewürztraminer	30	420,00
Zwischensumme		1.390,00
Bruttosumme		1.940,00
Rabatt		-60,00
Rechnungsbetrag		1.880,00

Wie vereinbart werden wir den Rechnungsbetrag von Ihrem Konto 100.000 bei der Bayerischen Vereinsbank abbuchen.

Mit freundlichen Grüßen

Franz Lieferant.

- In der Statuszeile erscheint die Meldung: Rechnen
- Schreiben Sie Whisky und drücken Sie zweimal <RETURN>
- Schreiben Sie Jack Daniels, dann drücken Sie <TAB>. In der Statuszeile erscheint die Frage nach dem Ausrichtzeichen (wird nicht geändert).
- Schreiben Sie 10, dann drücken Sie wieder <TAB>. Wieder erscheint die Frage nach dem Ausrichtzeichen.
- Schreiben Sie 180,00 und drücken <RETURN>
- Schreiben Sie Chivas Regal, drücken Sie <TAB>. Schreiben Sie 5, drücken Sie <TAB> und schreiben Sie 160,00.
- Schreiben Sie Johny Walker, drücken Sie <TAB>. Schreiben Sie 10, drücken Sie <TAB> und schreiben Sie 210,00.
- Drücken Sie <RETURN> und schreiben Zwischensumme.
- Durch zweimaliges Drücken der Taste <TAB> springen Sie in die letzte Spalte.
- Geben Sie ein Pluszeichen ein, dann erkennt WordPerfect, daß Sie hier eine Zwischensumme berechnen. Drücken Sie anschließend zweimal <RETURN> und nehmen Sie die Weine auf.
- Schreiben Sie Wein und drücken Sie zweimal <RETURN>. Schreiben Sie Elsässer Riesling, <TAB>, geben Sie 120 ein, <TAB> und 350,00. Drücken Sie <RETURN>.
- Schreiben Sie Pinot Noir, <TAB>, 60, <TAB>, 350,00, <RETURN>.
- Schreiben Sie Gewürztraminer, <TAB>, 30, <TAB>, 420,00, <RETURN>.
- Schreiben Sie Zwischensumme, <TAB><TAB> und geben Sie wieder ein Pluszeichen ein. An dieser Stelle werden die Beträge der Weine addiert. Drücken Sie anschließend zweimal <RETURN>.
- Schreiben Sie Bruttosumme und drücken Sie zweimal <TAB>.
- Wenn Sie jetzt in der letzten Spalte ein = eingeben, errechnet WordPerfect hier die Gesamtsumme aus den Zwischensummen. Drücken Sie <RETURN>.
- Wir gewähren einen Rabatt von ca. 3%, der vom Bruttobetrag abgezogen werden soll. WordPerfect akzeptiert die Eingabe von negativen Zahlen, wenn ein Minuszeichen vorangestellt wird, oder wenn sie in Klammern geschrieben werden.
- Schreiben Sie Rabatt und drücken Sie zweimal <TAB>.
- Schreiben Sie "T-60,00". Der Großbuchstabe T vor der Zahl weist WordPerfect darauf hin, daß es sich bei der Zahl um eine zusätzliche Summe handelt. Mit einem kleinen "t" wird

eine zusätzliche Zwischensumme ausgezeichnet. Dieser Hinweis ist immer dann nötig, wenn Summe oder Hauptsumme nicht mit den Operatoren und = errechnet werden können. Drücken Sie zweimal <RETURN>.

- Schreiben Sie Rechnungsbetrag, drücken Sie zweimal <TAB>, und geben Sie dann ein Sternchen * ein. Sie erinnern sich, daß das der Operator für die Errechnung des Gesamtbetrages von Hauptsummen ist. Im Beispiel werden die Zwischensummen addiert und die Zahl mit dem T subtrahiert.

- Zur Berechnung der Zwischensummen, der Bruttosumme und des Rechnungsbetrages drücken Sie jetzt die Tastenkombination <ALT><F7><2>. WordPerfect fügt die entsprechenden Werte ein. Die Rechenoperatoren, die jetzt noch auf dem Monitor sichtbar sind, werden beim Ausdruck der Rechnung unterdrückt.

- Schalten Sie die Rechenfunktion wieder aus mit <ALT><F7><1>.

- Holen Sie sich mit <SHIFT><F8><1> das Zeilenlineal wieder auf den Bildschirm, und tragen Sie mit <10,5> wieder die ursprünglichen Tabulatoren ein. Mit EXIT <F7> gelangen Sie wieder in Ihren Rechnungstext.

- Drücken Sie zweimal <RETURN> und schreiben Sie den Rest des Briefes.

- Wenn Sie wollen, können Sie den Text mit <F10> abspeichern und mit <SHIFT><F7><1> ausdrucken.

- Sie verlassen anschließend WordPerfect mit EXIT <F7>.

VERÄNDERUNG INNERHALB DER RECHENSPALTEN

Nehmen wir einmal an, Sie haben die Zahl von Flaschen oder den Preis falsch geschrieben, dann steuern Sie die Lichtmarke in die entsprechende Spalte und ändern mit <RÜCKSCHRITT> oder <LÖSCH> die entsprechende Zahl. Sobald Sie die Rechenspalten erreichen, taucht in der Statuszeile die Meldung

Rechnen

auf. Sie befinden Sich also, sobald Sie die Rechnung ändern, automatisch im Rechenmodus. Wenn Sie nach der Änderung die Kombination <ALT><F7><2> eingeben, wird WordPerfect automatisch die gesamte Rechnung überarbeiten.

DEFINIEREN VON RECHENSPALTEN

Standardmäßig sieht WordPerfect die vierundzwanzig möglichen Spalten als Zahlenspalten an. Sie können jedoch die einzelnen Spalten auch anders definieren.

Zum Definieren der Rechenspalten drücken Sie <ALT><F7>. Damit erreichen Sie das Menü MATH/SPALTEN:

1 Rechnen ein; 2 Rechnen def; 3 Spalten ein/aus; 4 Spalten

def: 0

Geben Sie jetzt <2> ein, dann wird auf dem Monitor das Menü zur Definition der Rechenspalten ausgegeben:

```
Rechnen def              Pfeiltasten zur Cursor-Positionierung benutzen

Spalten                  A B C D E F G H I J K L M N O P Q R S T U V W X

Art                      2 2 2 2 2 2 2 2 2 2 2 2 2 2 2 2 2 2 2 2 2 2 2 2

Negative Zahlen          ( ( ( ( ( ( ( ( ( ( ( ( ( ( ( ( ( ( ( ( ( ( ( (

Anzahl                   2 2 2 2 2 2 2 2 2 2 2 2 2 2 2 2 2 2 2 2 2 2 2 2
Dezimalstellen (0-4)

Rechen-        1
formeln        2
               3
               4

Spaltentyp:
     0 = Berechnen     1 = Text     2 = Zahlen     3 = Total

Negative Zahlen
     ( = Klammern (50,00)          - = Minuszeichen -50,00

Wenn ok, Exit drücken
```

Bild 28: Menü zur Spaltendefinition

Die 24 Spalten sind alphabetisch von A bis X geordnet. In unserem Beispiel haben wir nur zwei Spalten belegt, A und B. WordPerfect teilt beim Rechnen die Spalten in vier verschiedene Typen ein:

- Berechnen   Werte werden aufgrund von Rechenformeln ermittelt

- Text   Textzeilen zwischen den Zahlenkolonnen

- Zahlen   Zahlenkolonnen, in denen Ergebnisse ermittelt werden

- Total	Addition von Zwischensummen derjenigen Spalten, die links neben der Totalspalte berechnet wurden.

Die dritte Zeile im Menü legt fest, welches Symbol für negative Zahlen - die entweder in Klammern gesetzt oder mit einem Minuszeichen versehen werden können - vorgesehen ist. Standardmäßig sind Klammern vorgesehen. In der vierten Zeile wird festgelegt, mit wievielen Dezimalstellen gerechnet werden soll - üblicherweise 2.

DEFININIEREN VON RECHENFORMELN

WordPerfect bietet die Möglichkeit, mathematische Formeln mit Spalten zu verknüpfen. Es gilt allerdings die Einschränkung, daß maximal vier Formeln pro Tabelle zulässig sind und jede Formel für die gesamte Zahlenspalte verbindlich ist.

Zur Eingabe der Formeln gehen Sie folgendermaßen vor: Sie steuern die Lichtmarke in der Zeile Spalten Art auf die Spalte, die Sie für die Berechnung vorgesehen haben, und geben <0> ein. Die Lichtmarke springt jetzt zur Rechenformel 1 und gibt den Buchstaben der Spalte an, die Sie gewählt haben (dient der besseren Übersicht).

Für die Formeldefinition stehen Ihnen folgene vier Rechenoperatoren zur Verfügung:

+	Addieren
-	Subtrahieren
*	Multiplizieren
/	Dividieren

Sie können in einer Formel Zahlen oder Spalten angeben.

Beispiel: Sie wollen in einer Spalte die Mehrwertsteuer auswerfen lassen. Definieren Sie die Spalte, und geben Sie

      Formel: /100*14

ein.

Über die Grundrechenarten hinaus können Sie aber noch weitere vier spezielle Formeln vorgeben:

+	Addiert die Zahlen einer Zeile
/	Berechnung des Zahlendurchschnitts einer Zeile
=	Addiert die Summen einer Zeile
=/	Errechnet den Durchschnitt der Summen einer Zeile.

WordPerfect hält sich an die normale Rechenordnung - das heißt: Multiplikation und Division erfolgt vor Addition und Subtraktion. Klammerberechnungen werden vorgezogen.

SORTIERFUNKTIONEN

Mit den Auswahl- und Sortierfunktionen von WordPerfect lassen sich Tabellen automatisch in eine numerische oder alphabetische Reihenfolge bringen. Diese Operationen sind unabhängig von der Größe der zu sortierenden Datei. Sie können Teile einer Datei als Block markieren und sortieren, und Sie können zeilenweise, abschnittsweise und dateiübergreifend sortieren. WordPerfect sieht bis zu neun Sortierschlüssel vor. Die Sortierung kann auf dem Bildschirm, auf einer Diskette oder einer Harddisk durchgeführt werden.

ZEILENORIENTIERTES SORTIEREN

Voraussetzung für das zeilenorientierte Sortieren ist, daß die Daten spaltenweise angeordnet sind, so wie auf einem Tabellenkalulationsblatt. Beachten müssen Sie nur, daß Sie die Namen der kleinen Liste, die wir ordnen wollen, in zwei Spalten eingeben. Die eine Spalte soll die Vornamen enhalten, die andere die Nachnamen. Anschließend sollen die Nachnamen alphabetisch geordnet werden.

Zunächst müssen für die Liste die Tabulatoren eingerichtet werden. Für die untenstehende Namensliste bilden Vor- und Nachname die Felder des Datensatzes "Name". Beim zeilenorientierten Sortiervorgang werden Felder immer durch einen Tabulatorsprung getrennt.

- Löschen Sie zunächst die Standardtabulatoren mit <SHIFT><F8>,<1>,<STRG><END>, und setzen Sie neue Tabs auf Position 10 und 30. Anschließend schreiben Sie die Namen, wobei Sie mit <TAB> oder <F4> von einem Feld ins andere springen.

Edgar	Schmidt
Christa	Weber
Ernst	Albrecht
Hans	Merlin
Alfred	Fontaine
Albrecht	Liebermann

- Geben Sie jetzt die Tastenkombination für MISCHEN/SORT <STRG><F9> ein. Auf dem Bildschirm erscheint die Meldung:

    Eingabedatei (BSchirm)

- WordPerfect geht davon aus, daß üblicherweise die zu sortierenden Daten auf dem Bildschirm zu sehen sind. Bestätigen Sie diese Annahme mit <RETURN>. Es erscheint die Meldung:

Ausgabedatei (BSchirm)

- Auch die Ausgabedatei soll auf dem Bildschirm erscheinen.
  Bitte mit <RETURN> bestätigen.

Sie sehen jetzt folgendes Bild vor sich:

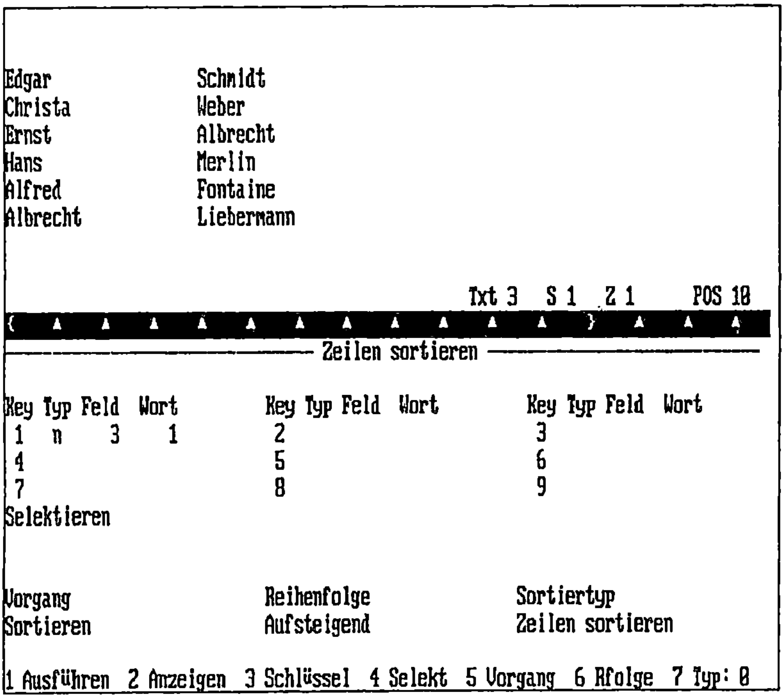

```
Edgar          Schmidt
Christa        Weber
Ernst          Albrecht
Hans           Merlin
Alfred         Fontaine
Albrecht       Liebermann


                                   Txt 3  S 1  Z 1      POS 18
{  ▲  ▲  ▲  ▲  ▲  ▲  ▲  ▲  ▲  ▲  }  ▲  ▲  ▲
---------------------- Zeilen sortieren ----------------------

Key Typ Feld  Wort    Key Typ Feld  Wort    Key Typ Feld  Wort
 1   n   3     1       2                      3
 4                     5                      6
 7                     8                      9
Selektieren


Vorgang               Reihenfolge            Sortiertyp
Sortieren             Aufsteigend            Zeilen sortieren

1 Ausführen  2 Anzeigen  3 Schlüssel  4 Selekt  5 Vorgang  6 Rfolge  7 Typ: 8
```

Bild 29: Menü Zeilenweise Sortierung

- Falls das Menü in der Kopfzeile "Sekundärdatei bzw. Absatz
  sortieren" anzeigt, ändern Sie das, indem Sie <7> und <2> eingeben.

- Mit <3> wählen Sie das Feld, das sortiert werden soll. Im Beispiel wird nur ein Feld (Nachnamen) sortiert, doch grundsätzlich kann man mit WordPerfect bis zu neun Feldern sortieren.
  Key bedeutet nichts anderes als Schlüsselfeld. Die Lichtmarke
  blinkt nun auf a. Sie müssen sich entscheiden, ob sie ein nu-
  merisches (Zahlen) oder ein alphanumerisches (Zahlen und
  Buchstaben) Feld sortieren wollen. Die beiden Optionen wählen Sie durch Drücken von <n> oder <a>. Bestätigen Sie mit
  <RETURN>.

- Die Lichtmarke ist jetzt hinter die 1 unter "Feld" gesprungen.
  Wir wollen das zweite Feld sortieren und geben deshalb <2>
  ein. Mit <RETURN> springen Sie hinter die 1 unter "Wort".

- Nun müssen Sie eingeben, welches Wort Sie in dem betreffenden Feld sortieren wollen. Die Wörter innerhalb eines Feldes sind durch Leerstellen getrennt. Die Wörter werden von links nach rechts gezählt. In unserem Fall wird nur ein Wort sortiert, deshalb bestätigen wir mit <RETURN>.

- Geben Sie nun EXIT <F7> ein, und kehren Sie in das Menü zurück.

- Wählen Sie AUSFÜHREN <1>, und die Namensliste wird mit alphabetisch geordneten Nachnamen ausgegeben. Ihre Liste müßte jetzt folgendermaßen aussehen.

Ernst	Albrecht
Alfred	Fontaine
Albrecht	Liebermann
Hans	Merlin
Edgar	Schmidt
Christa	Weber

SORTIEREN EINER ADREßLISTE / ABSÄTZE SORTIEREN

Adreßlisten bieten sich geradezu an, die von WordPerfect angebotenen Sortierfunktionen einmal durchzuprobieren. Adreßlisten bestehen aus Datensätzen, die ihrerseits in Datenfelder unterteilt sind. Die Datenfelder stehen bei einer Adreßliste nicht hintereinander in einer Zeile, sondern untereinander. Um die Sortierfunktion problemlos nutzen zu können, teilen wir die Adressen der Liste in Name, Straße und Hausnummer, Postleitzahl und Stadt ein.

Bei einer so geschriebenen Adreßliste muß absatzweise sortiert werden. WordPerfect interpretiert jeden Textbereich zwischen zwei oder mehreren festen Zeilenschaltungen oder festen Seitenumbrüchen als Absatz. Ein Absatz ist also mindestens eine Zeile und höchstens eine Seite lang.

Bitte schreiben Sie die nachfolgenden Adressen, oder laden Sie die Datei adressen.lst von der zum Buch gehörenden Diskette, die Sie beim Verlag beziehen können.

Edgar Schmidt
Memeler Straße 1
1000 Berlin

Christa Weber
Kölnerstraß 2
3000 Hannover

Susanne van Lier
Spicherer Straße 3
5000 Köln

Ernst Albrecht
Berliner Allee 4
8000 München

Hans Merlin
Lindenweg 5
2000 Hamburg

Alfred Fontaine
Mecklenburger Ring 6
4000 Düsseldorf

Albrecht Liebermann
Merchweiler Straße 7
6000 Frankfurt

Drücken Sie <RETURN>, und speichern Sie die Liste mit EXIT <F7><J> ab. Auf die Frage nach dem Dateinamen geben Sie Adressen.lst ein. Verlassen Sie WordPerfect, indem Sie <J> eingeben.

Man kann Adreßlisten nach den verschiedensten Kriterien ordnen, doch üblicherweise werden entweder die Nachnamen alphabetisch geordnet, oder man ordnet die Liste nach Postleitzahlen. - Überflüssig zu sagen, daß Sie weitere Datenfelder in der Liste unterbringen können, beispielsweise die Abteilung, in der der Angeschriebene tätig ist. Wichtig ist in diesem Zusammenhang nur, daß sie dann dieses Datenfeld nicht weglassen, wenn Ihnen das Tätigkeitsfeld eines der Betreffenden nicht bekannt ist.

Wir wollen die Adreßliste jetzt zunächst entsprechend der Nachnamen ordnen.

- Starten Sie WordPerfect, und drücken Sie anschließend MISCHEN/SORT <STRG><F9>. In der Statuszeile erscheint die Meldung:

  1 Mischen 2 Sortieren 3 Sortierart: 0

- Wenn Sie mit <2> Sortieren wählen, erscheint auf dem Monitor

  Eingabedatei: (BSchirm)

- Geben Sie den Dateinamen ein "adressen.lst", und drücken Sie <RETURN>. In der Statuszeile taucht die Meldung auf:

  Ausgabedatei: (BSchirm)

  Geben sie <RETURN> ein, dann wird die Adreßliste nach dem Sortieren am Bildschirm angezeigt. Wenn Sie an dieser Stelle einen Dateinamen vergeben, dann wird die sortierte Adreßliste anschließend unter diesem Namen auf der Diskette abgelegt. Auf dem Bildschirm erscheint das Menü ZEILEN SORTIEREN (Bild 29).

- Geben Sie <7> ein, dann sehen Sie jetzt die drei Sortiertypen vor sich, die WordPerfect anbietet:

  Sortiertyp 1 Sekundärdatei 2 Zeile 3 Absatz: 0

- Mit <3> wählen Sie Absatz. Auf dem Bildschirm taucht das Menü "Absätze sortieren" (Bild 30) auf. Außer den Elementen Typ, Feld und Wort enthält jetzt die Schlüsseldefinition das Element "Zeile". Der erste Sortiervorgang soll nach den Nachnamen erfolgen - also dem letzten Wort in der ersten Zeile der Datensätze.

- Wenn Sie jetzt <3> drücken, können Sie den Schlüssel ändern. Wählen Sie mit <a> alphanumerisches Sortieren.

HINWEIS: Alphanumerische Felder bestehen aus Buchstaben, Zahlen oder aus beidem. Numerische Felder bestehen aussschließlich aus Zahlen, können aber auch Währungszeichen, Kommata, Bindestriche und Punkte aufweisen. "a" wird von WordPerfect bereits angeboten

```
Edgar Schmidt
Memeler Straße 1
1000 Berlin

Christa Weber
Kölnerstraß 2
3000 Hannover

Susanne van Lier
Spicherer Straße 3
                                          Txt 3   S 1  .Z 1        Pos 10
{   A   A   A   A   A   A   A   A   A   A   A   }   A   A   A
──────────────────────── Zeilen sortieren ────────────────────────

Key Typ Feld  Wort        Key Typ Feld  Wort        Key Typ Feld  Wort
 1   a    1    1           2                         3
 4                         5                         6
 7                         8                         9
Selektieren


Vorgang                    Reihenfolge                Sortiertyp
Sortieren                  Aufsteigend                Zeilen sortieren

1 Ausführen  2 Anzeigen  3 Schlüssel  4 Selekt  5 Vorgang  6 Rfolge  7 Typ: 0
```

Bild 30: Menü Zeilen sortieren

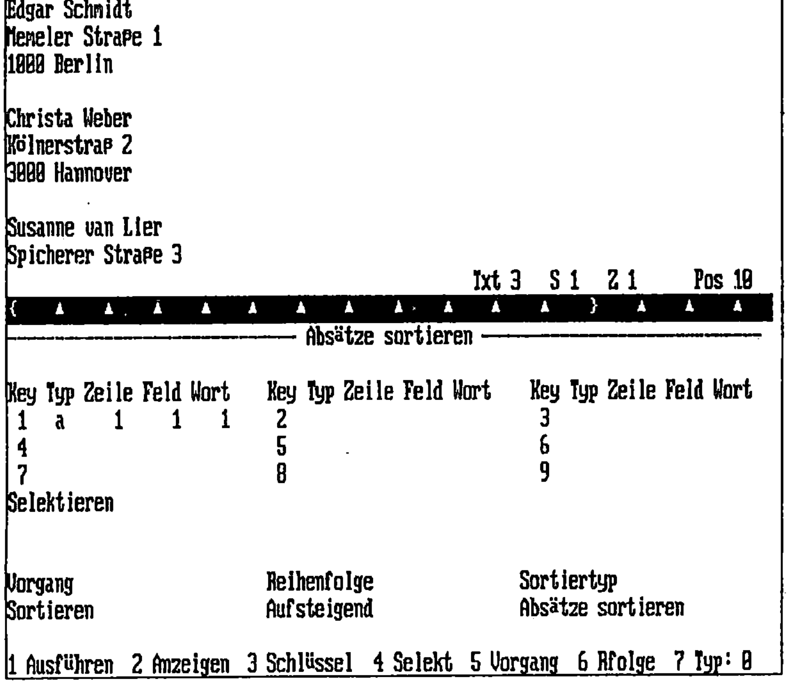

Bild 31: Menü Absätze sortieren

deshalb bestätigen Sie lediglich mit <RETURN>.

- Die Lichtmarke springt hinter die 1 unterhalb von Zeile. Mit der Eingabe von zweimal <RETURN> positionieren Sie die Lichtmarke hinter die 1 unter Wort.

- Schreiben Sie -1. Damit haben Sie das letzte Wort rechts im Feld ausgewählt.

- Drücken Sie <F7> und anschließend <1>, um die Adreßliste zu sortieren.

WordPerfect sortiert jetzt die Adreßliste und zeigt sie anschließend nach alphabetisch geordneten Nachnamen auf dem Bildschirm an. Ihr Liste müßte jetzt so aussehen:

Ernst Albrecht
Berliner Allee 4
8000 München

Alfred Fontaine
Mecklenburger Ring 6
4000 Düsseldorf

Albrecht Liebermann
Merchweiler Straße 7
6000 Frankfurt

Susanne van Lier
Spicherer Straße 3
5000 Köln

Hans Merlin
Lindenweg 5
2000 Hamburg

Edgar Schmidt
Memeler Straße 1
1000 Berlin

Christa Weber
Kölnerstraß 2
3000 Hannover

Nachdem wir die Adreßliste alphabetisch geordnet haben, wollen wir jetzt die Adressen nach der Postleitzahl ordnen.

- Mit <STRG><F9><2> schalten Sie die Sortierfunktion ein. In der Statuszeile steht:

  Eingabedatei: (BSchirm)

- Die auf dem Bildschirm dargestellte Datei soll sortiert werden, deshalb bestätigen Sie mit <RETURN>.

- In der Statuszeile taucht die Meldung auf

  Ausgabedatei: (BSchirm)

- Die Datei soll auch auf dem Bildschirm ausgegeben werden, deshalb bestätigen wir erneut mit <RETURN>.

- Wählen Sie mit <7> Sortiertyp und mit <3> "Absätze sortieren".

- Um den Schlüssel zu ändern, geben Sie <3> ein.

- Drücken Sie <n>, denn die Postleitzahl muß numerisch sortiert werden.

- Mit <3> wählen Sie die dritte Zeile und steuern mit zweimal <RETURN> die Lichtmarke hinter die -1 unter Wort. Wir wollen nicht das letzte Wort der dritten Zeile sortieren, sondern das erste. Geben Sie deshalb <1> ein.

- Drücken Sie EXIT <F7>.

- Anschließend lösen Sie mit <1> den Sortiervorgang aus. Die Datensätze werden nach Postleitzahlen sortiert, und Ihre Liste sollte jetzt so aussehen:

Edgar Schmidt
Memeler Straße 1
1000 Berlin

Hans Merlin
Lindenweg 5
2000 Hamburg

Christa Weber
Kölnerstraß 2
3000 Hannover

Alfred Fontaine
Mecklenburger Ring 6
4000 Düsseldorf

Susanne van Lier
Spicherer Straße 3
5000 Köln

Albrecht Liebermann
Merchweiler Straße 7
6000 Frankfurt

Ernst Albrecht
Berliner Allee 4
8000 München

SEKUNDÄRDATEIEN SORTIEREN

Sekundärdateien werden bei Serienbriefen verwandt, wenn ein Brief mit unterschiedlichen Adressen und Anreden an die verschiedenen Empfänger erstellt werden soll. Eine solche Sekundärdatei finden Sie im Kapitel "Mischfunktionen". Geben Sie bitte noch einmal die Namen in der angegebenen Weise ein. Jedes Feld mit mit MISCHEN R <F9> und jeder Datensatz mit MISCHEN E <SHIFT><F9> abgeschlossen werden. Speichern Sie die Datei unter adress2.sd ab. Löschen Sie jetzt den Bildschirm.

Wir wollen die Sekundärdatei jetzt nach Postleitzahlen sortieren.

- Geben Sie <STRG><F9><2> ein. Bei der Meldung Eingabedatei: (BSchirm) schreiben Sie den Namen der Sekundärdatei adress2.sd und drücken <RETURN>.

- Bestätigen Sie die Meldung

  Ausgabedatei: (BSchirm) mit <RETURN>

- Wählen Sie aus dem Menü <7> und <1> für das Sortieren einer Sekundärdatei.

- Geben Sie bei Key 1 für Typ "n", gehen Sie mit <RETURN> weiter zu Zeile, schreiben Sie <4> und bei Wort <1>.

- Wählen Sie Ausführen <1>, und WordPerfect ordnet die Adressen nach Postleitzahlen. Die Liste müßte jetzt so aussehen:

Frau^R
Elfriede Schmidt^R
Vogelstr. 6^R
4650^R
GELSENKIRCHEN^R
^E

```
Herrn^R
Wolfgang Meier^R
Blumenstr. 5^R
6600^R
SAARBRÜCKEN^R
^E

Herrn^R
Dieter Schön^R
Gartenstr. 7^R
8000^R
MÜNCHEN^R
^E
```

GRAFIK

WordPerfect verfügt über eine Liniengrafikfunktion, mit der sich einfache Grafiken, Diagramme und Formulare zeichnen lassen. Die Zeichen können auf einem Standard-Monochrom-Monitor zwar angezeigt werden, doch zum Ausdruck benötigen Sie auf jeden Fall einen grafikfähigen Drucker. Wenn Sie einen Punktmatrixdrucker verwenden, der kompatibel zum IBM-Drucker ist, werden sich kaum Probleme ergeben. Typenraddrucker sind grundsätzlich nicht grafikfähig. Bei Laserdruckern kann es vorkommen, daß die Liniengrafik in einigen Schriftfonts ausgedruckt wird, in anderen nicht. Wenn Sie hier auf Schwierigkeiten stoßen sollten, können Sie mit Hilfe des im WordPerfect-Paket enthaltenen Programms PRINTER die grafischen Sonderzeichen mit den entsprechenden Zeichen Ihres Druckers verknüpfen.

Liniengrafik kann nur horizontale und vertikale Linien zeichnen, keine Kreise. Das Zeichnen von Liniengrafik geschieht im Änderungsmodus, d.h. Sie überschreiben andere Zeichen auf dem Bildschirm. Das Anfertigen von Grafiken selbst ist kinderleicht, solange Sie sich nach dem Zeichnen daran erinnern, bei der Texteingabe durch <EINFG> in den Änderungsmodus zu gehen und dann erst die Kästchen zu beschriften. Vermeiden Sie auch nach Möglichkeit das Drücken von <RETURN>, weil sonst auf Ihrem Bildschirm ein heilloses Durcheinander entsteht.

Um in die Zeichenfunktion zu gelangen, löschen Sie über <F7> den Bildschirm und drücken <STRG><F3>. In der Statuszeile erscheint folgendes Menü:

0 Neuanzeige 1 Fenster 2 Linien 3 Ctrl/Alt 4 Farben

5 Neuanz.autom.: 0

Wenn Sie nun die Option <2> eingeben, dann wird in einer neuen Statuszeile ein Auswahlmenü möglicher Linien gezeigt

1   2   3 * 4 Wechseln 5 Löschen 6 Bewegen: 1

Mit der Eingabe von <1> erzeugen Sie einfache Linien, mit <2> zeichnen Sie Doppellinien, mit <3> eine Linie von Sternchen. <4> zeigt weitere Grafikzeichen. Mit <5> und der Lichtmarkensteuerung können Sie die Linien auf dem Bildschirm wieder löschen, und wenn Sie <6> drücken, können Sie die Lichtmarke verschieben, ohne gleichzeitig die Linien mitzubewegen.

Standardmäßig bietet WordPerfect die Option 1 an, die einfache Linie. Falls Sie eine andere Option wählen, "behält" WordPerfect Ihre Wahl und bietet die entsprechende Nummer an, wenn Sie das nächste Mal ins Auswahlmenü verzweigen.

Das Zeichnen mit der Liniengrafik ist problemlos, deshalb möchte ich mich an dieser Stelle darauf beschränken, Ihnen noch einen Tip zu geben. Benutzen Sie die Wiederholungsfunktion <EINGLÖSCH>. Wenn Sie diese Taste

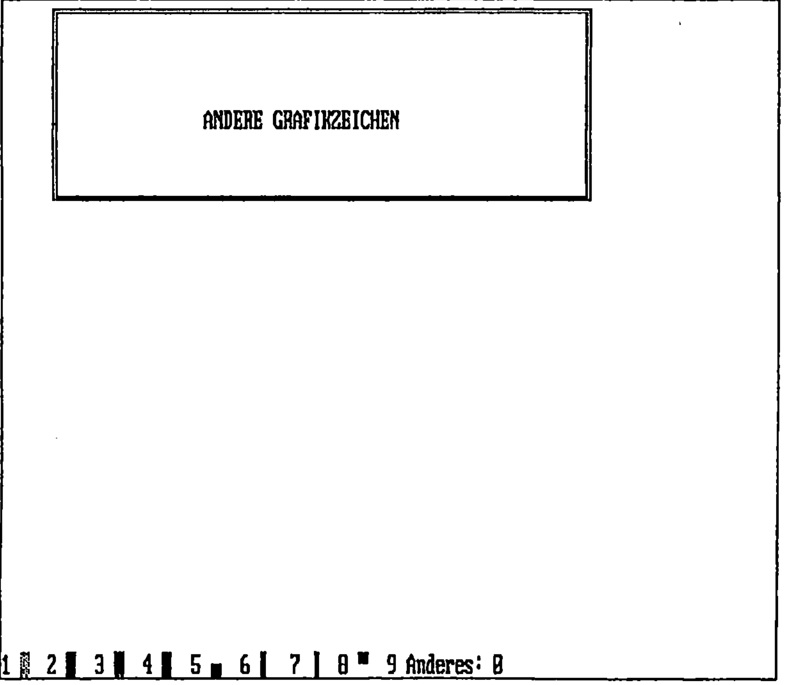

Bild 32: Menüzeile Grafikmodus

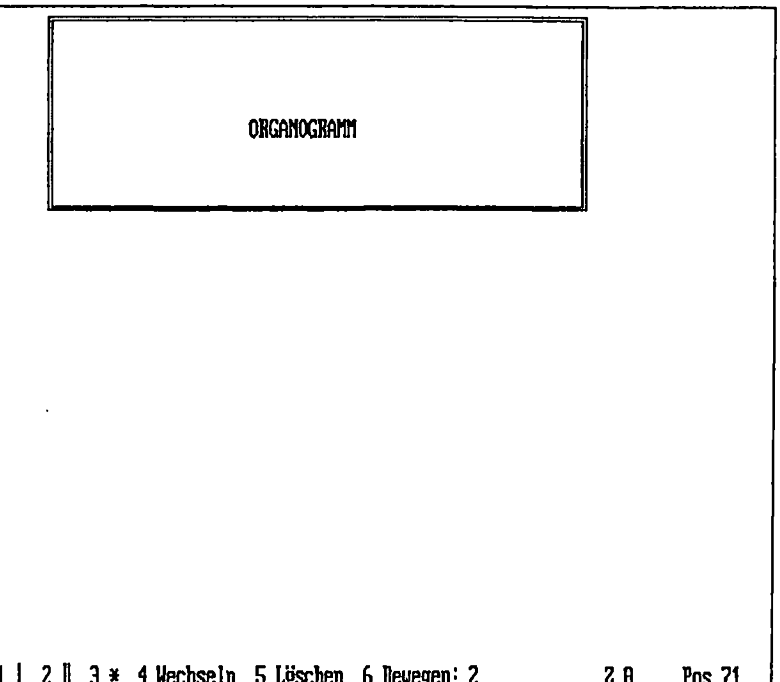

Bild 33: Andere Grafikoptionen

drücken, interpretiert WordPerfect die Meldung als Befehl, den letzten Schritt so oft zu wiederholen, wie Sie es definieren. Wenn Sie <EINGLÖSCH> drücken, erscheint in der Statuszeile die Meldung n=8, d.h. der letzte Tastendruck wird achtmal wiederholt. Wenn Sie eine Zeile mit einer 60 Anschläge langen Linie versehen wollen, drücken Sie einfach <STRG><F3>,<1>,<EINGLÖSCH>,<60>,<→>.. In die entgegengesetzte Richtung funktioniert es ebenso.

MACRO-FUNKTION

Unter einem Macro-Befehl versteht man eine Tastenfolge, die in einer Datei erfaßt ist und jederzeit abgerufen werden kann. Macros dienen in erster Linie dazu, gleichartige Arbeitsabläufe, die oft vorkommen, zu speichern und auf Tastendruck abrufbar zu haben. Die Erstellung von Macros mit WordPerfect ist denkbar einfach. Sie geben <STRG><F10> ein, und in der Statuszeile erscheint die Meldung

Macro definieren:

Sie vergeben jetzt einen Namen für den Macro, der mit dessen Funktion in Verbindung steht, so daß Sie sich leicht daran erinnern. Dann geben Sie die erforderliche Tastenfolge ein, wobei es egal ist, ob es sich um Text - etwa eine Grußformel oder einen Textbaustein - handelt oder um die Tastenfolge, die Ihnen beispielsweise eine Seite in einer bestimmten Weise formatiert. Anschließend beenden Sie die Erstellung des Macros mit der erneuten Eingabe von <STRG><F10>. Erfahrenere Benutzer von WordPerfect wissen es zu schätzen, daß eine Verkettung mehrerer Macros möglich ist. Da ein Macro als Datei abgelegt wird, gelten die Einschränkungen der Dateibezeichnung unter MS-DOS - d.h. die Bezeichnung des Macros muß zwischen zwei und acht Buchstaben umfassen. WordPerfect ergänzt den Macronamen durch den Zusatz .MAC. Ihnen steht bei Macros also die Zusatzinformation von drei Zeichen hinter dem Punkt der MS-DOS Dateibezeichnung nicht zur Verfügung. Die Macro-Datei wird auf der Arbeitsdiskette oder dem Teil der Festplatte gespeichert, den Sie für die Speicherung Ihrer Texte definiert haben.

Die Vergabe von einstelligen Bezeichnungen ist im Rahmen des Alphabets möglich, wenn Sie gleichzeitig die STRG-TASTE drücken.

Wenn Sie einen Macro bei Ihrer Arbeit nur zeitweilig benutzen wollen, können Sie entweder <RETURN> drücken oder nur ein Zeichen eingeben. Wenn Sie WordPerfect verlassen, wird dieser Macro automatisch gelöscht.

Wenn Sie im Laufe Ihrer Arbeit häufig mit Macros arbeiten, sollten Sie Ihre Macros auf einer speziellen Diskette organisieren und die entsprechenden Dateien jedesmal, bevor Sie mit der Arbeit beginnen, auf Ihre Arbeitsdiskette oder ins Standardlaufwerk kopieren.

ERSTELLEN EINES MACROS "GRUß"

Nehme wir an, Sie führen eine umfangreiche Korrespondenz und schließen einen großen Teil Ihrer Briefe mit folgender Floskel ab:

Recht herzlichen Dank für Ihre Bemühungen.
Mit freundlichen Grüßen
Ihr

- Drücken Sie <STRG><F10>, es erscheint die Meldung

  Macro definieren:

- Schreiben Sie "Gruß". In der Statuszeile blinkt währenddessen

  Macro def

- Schreiben Sie: Recht herzlichen Dank für Ihre Bemühungen <RETURN>. Mit freundlichen Grüßen <RETURN>. Ihr <RETURN>.

- Drücken Sie erneut <STRG><F10>. Der Macro wird auf der Diskette oder Ihrer Festplatte gespeichert.

Um nachzuschauen, ob der Vorgang ordnungsgemäß abgearbeitet wird, löschen Sie bitte den Bildschirm und drücken, um den Macro auf den Monitor zu holen die Tastenkombination <ALT><F10>.

- Auf dem Bildschirm erscheint die Meldung:

  Macro:

- Geben Sie die Bezeichnung "Gruß" ein. Bestätigen Sie mit <RETURN>, und der Text, den Sie eben eingegeben haben, erscheint wieder. Macros können Sie übrigens an jeder beliebigen Stelle des Textes einfügen.

ERSTELLEN EINES MACROS "FORMAT"

Wie bereits gesagt, ist ein Macro lediglich eine Verkettung von Tastenanschlägen. WordPerfect arbeitet, wie Sie wissen, was die Seitenformatierung angeht, mit Standardvorgaben. Normalerweise sind Sie mit diesen Vorgaben zufrieden, weil Sie achtzig Prozent Ihrer Bedürfnisse abdecken. Doch zu einer bestimmten Art von Brief oder Manuskript wollen Sie Ihren Text mit folgenden Spezifikationen schreiben:

30 Anschläge pro Zeile
Zeilenzahl unten in der Mitte der Seite.
40 Zeilen pro Seite

Um den Macro "Format" zu erstellen gehen Sie folgendermaßen vor:

- Drücken Sie MACRO DEF <STRG><F10>. In der Statuszeile erscheint die Meldung:

  Macro definieren:

- Geben Sie "Format" ein, gefolgt von <RETURN>. In der Statuszeile blinkt jetzt die Meldung

  Macro def.

- Gehen Sie mit <SHIFT><F8> in das Menü ZEILE und ändern Sie mit <3>,<10>,<RETURN>,<40>,<RETURN> die Ränder. Jetzt befinden Sie sich wieder im Textmodus.

- Drücken Sie SEITE <ALT><F8> und positionieren Sie die Seitennummer mit <1>,<6> unten in der Mitte der Seite.

- Geben Sie jetzt <4> ein, um ins Untermenü SEITENLÄNGE zu verzweigen. Drücken Sie <3> für "andere Angaben" und gehen Sie mit <> zur "Zeilenzahl". Ändern Sie 58 in 40. Drücken Sie <RETURN>,<RETURN>.

- Schließen Sie die Macro-Eingab mit <STRG><F10> ab.

Jedesmal wenn Sie nun am Anfang einer neuen Datei den Macro "Format" mit <ALT><F10>,<FORMAT> aufrufen, werden die von Ihnen gesetzten Spezifikationen an den Anfang des Textes gesetzt.

Die Möglichkeiten, die WordPerfect mit seinen Macros bietet, werden Sie erst im Laufe Ihrer Arbeit mit dem Programm schätzen lernen. Je länger die Befehle sind, die Sie eingeben , desto eher bietet sich die Abspeicherung als Macro an. Da jeder Tastendruck gespeichert wird, bedeutet es keinerlei Problem, innerhalb eines Macros auch ein weiteres oder mehrere Macros aufzurufen. In dieser Hinsicht sind Ihrer Phantasie keinerlei Grenzen gesetzt.

DRUCKER

DRUCKERINSTALLATION

Bedauerlicherweise konnten hinsichtlich der Druckersteuerung in der Vergangenheit noch keine international verbindlichen Normen geschaffen werden, so daß Sie möglicherweise beim Anschluß Ihres Druckers an den Computer und beim anschließenden ersten Ausdruck Schwierigkeiten haben werden. Wenn Sie noch keinen Drucker besitzen und gerne mit WordPerfect arbeiten wollen, dann ist es das einfachste, Sie wählen anhand der im Programmangebot mitgelieferten Druckerbeschreibungen ein Gerät aus, das Ihnen zusagt. Auf diese Weise vermeiden Sie manchen Ärger, der aus einer unvollkommenen Anpassung entstehen kann.

Sollten Sie erst vor kurzer Zeit einen Drucker erworben haben, der nicht im Katalog der von WordPerfect unterstützten Printer enthalten ist - und haben Sie beim Anschluß Schwierigkeiten - lassen Sie sich am besten von Ihrem Händler bei der Installation helfen. Sie können sich auch an die WordPerfect GmbH wenden oder an den Druckerhersteller und sich erkundigen, ob für WordPerfect eine Druckerbeschreibung existiert; in den allermeisten Fällen wird dies der Fall sein.

Zum Lieferumfang von WordPerfect gehören einige Dateien, mit denen Sie die Funktionsweise Ihres Druckers überprüfen können (PRINTER.TST, FONT.TST, PS.TST). Laden Sie diese Dateien, und lassen Sie sie mit WordPerfect ausdrucken, nachdem Sie Ihren Drucker unter Zuhilfenahme des Drucherhandbuchs angeschlossen haben.

Mit der Datei PRINTER.EXE können Sie notfalls die Installation menügesteuert durchführen. Hierzu ist allerdings technisches Verständnis erforderlich.

Druckerauswahl

Nachdem Sie WordPerfect gestartet haben, gelangen Sie mit der Tastenkombination <SHIFT><F7> in das DRUCKMENÜ und gehen durch Drücken der Option <4> in die Druckerkontrolle. Sie sehen auf dem Bildschirm das Bild 34 vor sich. Es erscheint eine Meldung, welcher Drucker im Augenblick installiert ist. Durch Drücken der Taste <BILD> erhalten Sie eine Übersicht der Drucker, die WordPerfect in seiner aktuellen Version unterstützt. Die Liste der Drucker wird entsprechend der neu auf den Markt kommenden Printer immer wieder überarbeitet.

Wenn Sie Schritt für Schritt der Druckerinstallation folgen, kann eigentlich nichts schiefgehen. Wenn Sie ein Festplattenlaufwerk besitzen, kopieren Sie die WordPerfect, Disketten auf Ihre Festplatte, und beginnen Sie beim Start von WordPerfect. Wenn Sie zwei Diskettenlaufwerke haben, gehen Sie folgendermaßen vor

  - Legen Sie die WordPerfect Diskette in Laufwerk A

```
Drucker-Kontrolle
                                        D - Datei drucken
1 - Druck-Angaben                       G - "Go" (Druck fortsetzen)
2 - Drucker u. Schriften                J - Jobs anzeigen
3 - Drucker-Auswahl                     L - Job(s) löschen
                                        S - Druck stoppen
Auswahl: 0                              V - Job vorziehen


Aktueller Job

Job-Nummer: —                           Seiten-Nr: —
Job-Status: —                           Akt. Kopie: —
Bemerkung: Druckschlange ist leer

Job-Liste

 Job  Datei              Bestimmung          Formular und Druckerzusätze




Zusätzl. Jobs ohne Anzeige: 0
```

Bild 34: Drucker-Kontrolle

```
Drucker definiert in C:\WORDP\WPRINTER.FIL

  1  Okidata ML 292











                      PgDn zum Hinzufügen neuer Drucker
                      Exit wenn ok.
Drucker 1             Storno zum Ignorieren
Auswahl: 1            Für weitere Druckeranwahl Pfeiltasten benutzen
```

Bild 35: Druckerdefinition

- Legen Sie die Diskette Printer 1 ins Laufwerk B

- Geben Sie bei A> wp ein und <RETURN>. Damit starten Sie WordPerfect. Nach kurzer Zeit sehen Sie auf dem Bildschirm das Startmenü des Programms

- Folgen Sie der Aufforderung, drücken Sie eine beliebige Taste, und auf dem Bildschirm blinkt der Cursor in der oberen linken Ecke.

Jetzt wählen Sie den Drucker:

- Drücken Sie <SHIFT><F7>. Sie sehen am unteren Bildrand die Menüzeile
  1 Datei 2 Seite 3 Angaben 4 Drucker-Kontrolle 5 Schreibm. 6 Vorschau: 0

- Wenn Sie <4> eingeben, erscheint das Menü der Druckersteuerung.

- Mit <3> gehen Sie in die Druckerauswahl. Auf dem Bildschirm erscheint das entsprechende Menü.

- Um sich zu vergewissern, ob der Drucker, den Sie besitzen, bei den von WordPerfect unterstützten Printern aufgeführt ist, drücken Sie nun PgDn = <BILD>. Folgen Sie den Anweisungen auf dem Bildschirm.

- Durch mehrmaliges Drücken von <BILD> blättern Sie durch die Bildschirmseiten, auf denen die von WordPerfect unterstützten Drucker aufgeführt sind. Wenn Sie Ihren Drucker gefunden haben, geben Sie die entsprechende Ziffer ein.

- Sollte Ihr Drucker wider Erwarten nicht in der Liste enthalten sein, schauen Sie im Druckerhandbuch nach, mit welchem der aufgelisteten Drucker Ihr Drucker kompatibel ist. Kompatibel heißt soviel wie: verhält sich so wie der Drucker eines Fremdfabrikats, meistens ein IBM oder Epson-Drucker. Wenn Sie jetzt <RETURN> drücken, überträgt WordPerfect die Druckerdefinition aus den Dateien WPRINTER.ALL und WPFONT.ALL in die Dateien WPRINTER.FIL und WPFONT.FIL. Dann folgt links oben auf dem Bildschirm die Meldung:
  Drucker-Kanal

  O -LPT 1   1 -LPT 2   2 -LPT 3
  4 -COM 1   5 -COM 2   6 -COM 3   7 -COM 4
  8 -Laufwerk/Verzeichnis

  Auswahl: 0

- Mit O wählen Sie die erste von drei parallelen Schnittstellen. Die meisten Druckerhersteller verwenden parallele (centronics) Schnittstellen. Wenn Sie mehrere Drucker an Ihrem Computer angeschlossen haben, können Sie für Drucker 2 den zweiten Anschluß und für Drucker 3 den dritten Anschluß wählen. Die mit COM bezeichneten Druckerkanäle sind serielle Anschlußstellen. Hier können Sie verschiedene serielle Drucker anschließen.

- Wenn Sie den Druckeranschluß gewählt haben, erscheint auf dem Bildschirm das Auswahlmenü des Blatteinzugs.

Blatteinzug

1 - Endlos
2 - Einzelblatt (manuell)
3 - Einzelblatteinzug

Auswahl: 1

- Wollen Sie Endlospapier verwenden, bestätigen Sie den Vorschlag von WordPerfect einfach durch Drücken von <RETURN>. Mit <2> wählen Sie das Einspannen des Papiers von Hand. Besitzt Ihr Drucker einen Einzelblatteinzug, geben Sie <3> ein. Wenn Sie diese Option wählen, müssen Sie einige Eingaben zur Art des Einzugs machen und auf der Liste der Einzelblatteinzüge Ihren Einzelblatteinzug auswählen - Bild 36.

```
Einzelblatteinzug
     Zeilen vor Blattbeginn      (halbzeilig): 0
     Zeichenpos, linke Papierecke (10 Pitch): 0
     Anzahl Einzug-Schächte          (1-3): 1

Typ Einzelblatteinzug

  1 NEC 3550 Single/Dual            2 NEC 3515/5515/7715 Single/Dual
  3 Rutishauser Single Bin          4 Rutishauser Dual Bin
  5 Diablo (Ziyad) Single/Dual      6 Qume Single Bin
  7 Brother HR-15/HR-25/HR-35       8 NEC 3500R/10/20/30 Single/Dual
  9 Xerox 2700 Laser               10 IBM 5218 Dual Bin/Envelope Feed
 11 Seitz Tek ST-125               12 Pagemate II/III
 13 Pagemate I                     14 BDT LetterMate I,II,III
 15 Epson LQ-1500 Single/Dual      16 Canon A1
 17 HP LaserJet                    18 Ziyad PaperJet 400
 19 HP LaserJet 500+               20 IBM Pageprinter 3812
 21 BDT MF-830 6 bin Laser Feeder  22 BDT MF-830 6 bin La (continued)
 23 Diablo D80IF                   24 BDT MF-850 3 bin Laser Feeder
 25 BDT MF-850 3 bin La (continued) 26 Apple LaserWrinter

Auswahl: 6      (Mit dem PRINTER-Programm neuen Einzelblatteinzug definieren)
```

Bild 36: Auswahl des Einzelblatteinzugs

Haben Sie aus Versehen den falschen Drucker ausgewählt, drücken Sie solange auf eine Pfeiltaste, bis auf dem Bildschirm erneut der Drucker 1 angezeigt wird. Gehen Sie dann die Punkte der Druckerinstallation noch einmal durch.

- Mit <F7> bestätigen Sie Ihre Druckerdefinition und kehren ins Menü Druckerkontrolle zurück.

- Geben Sie <2> ein, dann können Sie sich von der erfolgreichen Installation überzeugen und sehen gleichzeitig, wieviele Schriften Ihrem Drucker zur Verfügung stehen. Mit zweimaligem Drücken von <RETURN> kehren Sie danach in den Textmodus von WordPerfect zurück.

Auswahl der Schriften

Wenn Sie sehen wollen, wie die verschiedenen Schriften von Ihrem Drucker ausgegeben werden, dann schreiben Sie jetzt:

Dies ist Schrift 1.

- Drücken Sie bitte DRUCK <STRG><F8>. Sie erreichen das Menü Druck-Format. Wählen Sie <1>, steuern Sie die Lichtmarke auf die Zahl hinter Schrift und geben <2> ein. Drücken Sie zweimal **<RETURN>** und schreiben Sie: Dies ist Schrift 2. **<RETURN><RETURN>**

```
Druck-Format

    1 - Schrittschaltung (Pitch)  10
        Schrift                    1

    2 - Zeilen pro Zoll            6

Blocksatz                         Aus
    3 - Aus
    4 - Ein

Unterstreichungsart               5
    5 - Wortweise, einfach
    6 - Wortweise, doppelt
    7 - Durchgehend, einfach
    8 - Durchgehend, doppelt

    9 - Schacht-Nr, EB-Einzug      1

    A - Druckerbefehl einfügen

    B - Zeilennumerierung         Aus
Auswahl: B
```

Bild 37: Optionen des Druckformats

- Drücken Sie wieder DRUCK <STRG><F8><1>. Steuern Sie die Lichtmarke wieder in die zweite Zeile, und ändern Sie die 2 in eine <3>. Drücken Sie erneut zweimal <RETURN>, und schreiben Sie:
  Dies ist Schrift 3. <RETURN><RETURN>

- Wiederholen Sie diese Schritte, bis Sie die für Ihren Drucker angebotenen Schriften durchprobiert haben.

- Drucken Sie jetzt die auf Ihrem Bildschirm befindliche Datei mit dem Text "Dies ist Schrift 1" bis "Dies ist Schrift 8" mit <SHIFT><F7><1> aus.

- Sie haben jetzt einen Eindruck von den Schriften gewonnen, die Sie jederzeit mühelos nutzen können. Wenn Sie WordPerfect jetzt verlassen wollen, geben Sie EXIT <F7> ein, <N> und <J>.

BEFEHLE AUF EINEN BLICK

ABSATZ-NUMERIERUNG	Absätze und Übersichten können numeriert werden. Bei einer automatischen Numerierung ändert sich die Stufe, wenn ein Tabsprung eingegeben wird. Bei der Lichtmarkenposition wird der Code [Abs.Nr:] eingegeben. - Steuern Sie die Lichtmarke an den Anfang des zu numerierenden Textes, drücken Sie<ALT><F5> und <2> für die Absatznumerierung. - Drücken Sie <ENTER> wenn die Numerierung automatisch erfolgen soll, oder geben Sie die gewünschte Numerierstufe ein.
ABSATZ-SCHUTZ	Zur Vermeidung von Schusterjungen und Hurenkindern (erste Zeile eines Absatzes auf der vorhergenden -letzte Zeile des Absatzes auf der folgenden Seite) dient der Absatzschutz. - Bringen Sie die Lichtmarke auf den Punkt des Textes, von dem aus der Absatzschutz gelten soll. Drücken Sie SEITENFORMAT <ALT><F8> und <a> für Absatzschutz. Wählen Sie (J/N) und bestätigen Sie durch <ENTER>. - Der Absatzschutz ist innerhalb einer Datei beliebig oft anwendbar.
AKTUELLE DATEIGRÖßE	Drücken Sie <F5><ENTER>, und oben links im Dateiverzeichnis in der zweiten Zeile finden Sie die Angabe der aktuellen Dateigröße.
ANZAHL KOPIEN	Mit <SHIFT><F7><3> gelangen Sie ins Menü "Vorübergehende Veränderungen der Druckangaben". Normalerweise wird eine Kopie ausgedruckt. Sie können jedoch mit Lichtmarkensteuerung die Anzahl der Kopien verändern, die beim Druckbefehl <SHIFT><F7><1> oder <2>ausgegeben wird.
ANZEIGEN	Mit <F5><RETURN> erscheint eine Inhaltsübersicht des Diskettenlaufwerks auf dem Bildschirm, auf dem gerade Text und Daten abgespeichert werden.

AUF ZEILE NR.	Mit <SHIFT><F1><6> und der Angabe der Zeile, auf die die Lichtmarke gesetzt werden soll, kann man im Text vorspringen.
AUFZEICHNEN EINER DATEI	Eine Datei kann mit EXIT <F7> aufgezeichnet werden. Text sichern (J/N) <J> und Namen der Datei eingeben, die gespeichert werden soll. Für eine "Zwischendurchspeicherung" müssen Sie nur <F10> drücken, und die Dateibezeichnung der zu sichernden Datei angeben, falls das noch nicht geschehen ist. Anschließend befindet man sich automatisch wieder im Textmodus.Bestätigen Sie mit <ENTER>.
AUSRICHTEN AUF TABPOSITION	Mit <STRG><F6> können Sie Text - oder Ziffern auf eine bestimmte Tab-Position ausrichten. Ausrichtzeichen ist normalerweise das Komma, kann aber in ein anderes Symbol geändert werden - etwa einen Punkt. Drücken Sie <SHIFT><F8> und ändern Sie mit <6> das Ausrichtzeichen.
AUTOMA-TISCHE NUMERIERUNG	Sie können die Absätze Ihrer Texte in bis zu sieben Stufen automatisch numerieren. - Lichtmarke auf die Position setzen, von der aus Sienumerieren wollen. - Markieren Sie den Text mit <ALT><F4>, und schalten Sie mit <1> die automatische Numerierung ein. Mit <ENTER> setzen Sie dann die Numerierung in Gang. - Drücken Sie EINRÜCKEN<SHIFT><F4>, und schreiben Sie den ersten Absatz. - Drücken Sie <ENTER>, und Sie erreichen die nächste Numerierung. - ACHTUNG: Bei Verwendung von TAB kommen Sie in die nächste Stufe der Numerierung. - Wenn alle Absätze numeriert sind, drücken Sie erneut <ALT><F5> und schalten mit <1> die Numerierung wieder aus. - Absatznummern über STEUERZEICHEN <SHIFT><F3> mit Lichtmarke löschen.

AUTOMA-TISCHES NEUANZEIGEN	Der Bildschirm kann nach jeder Format-Änderung automatisch neu angezeigt werden. Drücken Sie <STRG><F3><5>. Die automatische Neuanzeige kann über das Startmenü konstant eingestellt werden. STARTMENÜ: WordPerfect mit wp/s starten.
BEDINGTES SEITENENDE	Mit <ALT><F8><9> können Sie einen Textteil vor dem Auseinanderfallen bewahren. - Lichtmarke auf einen beliebigen Punkt im Text steuern, den Sie schützen wollen. - <ALT><F8><9> wählen und die Zahl der Zeilen eingeben, die zusammengehalten werden sollen. - Mit <ENTER> bestätigen. - Drücken Sie erneut <ENTER>, dann gelangen Sie in Ihren Text zurück.
BEREICH ERSTELLEN	Disketten können, um eine bessere Übersicht zu behalten, in einzelne Bereiche aufgeteilt werden. - Drücken Sie <F5> und = ein. - Vergeben Sie einen neuen Namen für den einzurichtenden Bereich. - Bestätigen Sie mit <J>.
BEREICH LÖSCHEN	Sie löschen einen Bereich aus Ihrem Inhaltsverzeichnis, indem Sie die Lichtmarke im Inhaltsverzeichnis <F5> auf den entsprechenden Bereich bringen und LÖSCHEN <2> drücken. - Bestätigen Sie mit <J> - HINWEIS: WordPerfect löscht nur leere Bereiche.
BEREICH WECHSELN	Sie können Standardverzeichnis und Bereich wechseln, indem Sie nach Drük-ken von <F5> = das neue Inhaltsverzeichnis oder den neuen Bereich eingeben. - Bei angezeigtem Inhaltsverzeichnis können Sie den Bereich mit <7> wechseln. Bestätigen Sie den Befehl mit <ENTER>.

BEREINIGEN

Wenn Sie Text mit Korrekturkennungen eigefügt haben, Text mit Korrekturkennungen versehen haben oder den Text durchgestrichen haben, können Sie diesen Text später bereinigen.

- Drücken Sie TEXT MARKIEREN <ALT><F5>, und geben Sie <4> für Bereinigen ein. Bestätigen Sie gegebenenfalls Ihren Befehl mit <J>.

BILDSCHIRM

Mit <STRG><F3> verzweigen Sie ins Menü BILDSCHIRM. Hier können Sie die Farben des Monitors einstellen und erreichen das Menü für die Liniengrafik.

BILDSCHIRM LÖSCHEN

Mit der Funktion BILDSCHIRM LÖSCHEN <F7><N><N> löschen Sie gleichzeitig alle versteckten Codes auf dem Bildschirm.

BILDSCHIRM TEILEN

WordPerfect erlaubt Ihnen, zwei Dateien auf dem Bildschirm parallel zu bearbeiten. Der Bildschirm wird dabei von einem Tab-Lineal horizontal geteilt. Jedes der beiden Fenster ist ein eigener kleiner Monitor mit Statuszeile.

- Wenn Sie ein Fenster öffnen wollen, drücken Sie <STRG><F3> und <1> für Fenster.

- Geben Sie anschließend die gewünschte Zeilenzahl für die Größe des Fensters ein.

- Zweite Möglichkeit: Verschieben Sie das Tab-Lineal mit den Cursor-Tasten, und bestätigen Sie die Postition mit <ENTER>. Der Bildschirm wird an dieser Stelle geteilt.

- Fenster schließen: <STRG> <F3><1> drücken und eine Zahl eingeben, die größer als die Zeilenzahl, die auf Ihrem Monitor darstellbar ist (normalerweise >24).

- Oder: drücken Sie die Taste <↓> bis das Tab-Lineal nicht mehr zu sehen ist. Bestätigen Sie mit <ENTER>.

BLOCK

Mit der Blockfunktion zeichnen Sie einen bestimmten Textteil aus.

- Bringen Sie die Lichtmarke an den Anfang des Blocks.

- Drücken Sie BLOCK <ALT><F4>.

- Steuern Sie die Lichtmarke an das Ende des Blocks. Der Block ist jetzt hell unterlegt. Sie können jetzt folgende Funktionen aufrufen:

AUFZEICHEN / DRUCKEN / ERSETZEN / FETT / GROß-KLEINSCHREIBUNG / HOCH-TIEF / LEXIKON / TEXT: Markieren, Durchstreichen, Index, Inhaltsverz., Korrekturkennung, Liste / UNTERSTREICHEN / LÖSCHEN / RECHTSBÜNDIG / SORTIEREN / VORWÄRTS UND RÜCKWÄRTS SUCHEN / VERSCHIEBEN: Anhängen, Kopieren, Rechteck kopieren und verschieben, Spalte kopieren und verschieben, Zentrieren.

BLOCK AN/AUS

Die Blockfunktion wird durch Drücken von <ALT><F4> eingeschaltet und mit derselben Tastenkombination wieder ausgeschaltet.

BLOCK ANHÄNGEN

Steuern Sie die Lichtmarke auf das erste Zeichen des Blocks.

- Schalten Sie mit <ALT><F4> die Blockfunktion ein.

- Bringen Sie die Lichtmarke ans Blokkende.

- Drücken Sie VERSCHIEBEN <STRG> <F4> <3>.

- Geben Sie den Namen der Datei ein, an die der Block angehängt werden soll. Bestätigen Sie mit <ENTER>.

- Schalten Sie die Blockfunktion wieder aus.

BLOCK DRUCKEN

Steuern Sie die Lichtmarke auf das erste Zeichen des Blocks.

- Schalten Sie mit <ALT><F4> die Blockfunktion ein.

- Bringen Sie die Lichtmarke ans Blokkende.

- Drücken Sie DRUCK <SHIFT><F7><4>.

BLOCK KOPIEREN/ VERSCHIEBEN	Zeichnen Sie den Block mit <ALT><F4> und der Lichtmarkensteuerung aus. - Drücken Sie VERSCHIEBEN <STRG> <F4>, und geben Sie aus dem Menü die gewünschte Zahl ein.
BLOCK SCHÜTZEN	Um einen Text vor dem Auseinanderreißen (Schusterjungen, Hurenkinder) zu bewahren, zeichnen Sie die betreffende Passage mit der Funktion BLOCK <ALT><F4> und, Lichtmarkensteuerung aus und drücken dann <ALT><F10>. Bestätigen Sie die Frage Block schützen? mit <J>.
BLOCKSATZ	Mit der Funktion BLOCKSATZ werden in einem Text die Wörter so ausgerichtet, daß sie links-und rechtsbündig ausgedruckt werden. Standardmäßig ist Flattersatz eingestellt. Blocksatz wird von WordPerfect nicht auf dem Bildschirm dargestellt. - Bringen Sie die Lichtmarke auf die Stelle, von der ab Blocksatz ausgedruckt werden soll. - Drücken Sie DRUCKFORMAT <STRG> <F8>, und geben Sie <3> ein, um den Blocksatz zu aktivieren. - Gehen Sie mit der Lichtmarke ans Ende des Textes, den Sie im Blocksatz ausdrukken wollen, und schalten Sie den Blocksatz wieder mit <STRG><F8><3> aus.
CTRL/ ALT-TASTEN	Um Sonderzeichen, die nicht auf der üblichen Tastenbelegung zu finden sind, bietet WordPerfect eine leicht zu handhabende Funktion: - Drücken Sie <STRG><F3><3>, und belegen Sie anhand der Zahlen die Tasten der Tastatur entsprechend Ihren Bedürfnissen.
DATEI DRUCKEN	Die Datei können Sie auf zwei verschiedene Arten drucken lassen: - mit DRUCK <SHIFT><F7><1> oder aus dem Inhaltsverzeichnis - <F5><RETURN><4>.
DATEI KOPIEREN	Mit <F4><ENTER> gelangen Sie ins DATEIVERZEICHNIS, - geben Sie <8> ein, und DATEI KOPIEREN beantworten Sie die Frage nach dem Laufwerk, bzw. dem Verzeichnis.

DATEI LÖSCHEN AUS INHALTSVERZEICHNIS

Mit <F4><ENTER> gelangen Sie ins DATEIVERZEICHNIS.

- Drücken Sie <2>, und bestätigen Sie den Befehl mit <J>.

DATENSICHERUNG

Sie können WordPerfect veranlassen, Ihre Daten in regelmäßigen Zeitabständen zu sichern:

- Starten Sie WordPerfect mit wp/s <ENTER>, und Sie gelangen ins Star-Menü.
- Wählen Sie mit <4> die Datensicherung.
- Geben Sie den Zeitabstand für die regelmäßige Datensicherung in Minuten an.
- Geben Sie den Bereich der Datensicherung an, und bestätigen Sie mit <ENTER> -oder gehen Sie gleich mit <ENTER> weiter und drücken <J>.
- Gehen Sie mit <ENTER> zurück ins Start-Menü.
- Drücken Sie <0>; die Änderungen werden zurückgeschrieben und Sie befinden sich wieder im Textmodus.

DATEI UMBENNEN

Gehen Sie mit <F4><ENTER> ins DATEIVERZEICHNIS.

- Drücken Sie <3>, und geben Sie der Datei einen neuen Namen.
- Bestätigen Sie mit <ENTER>.

DATUM EINFÜGEN ODER DEFINIEREN	Drücken Sie DATUM <SHIFT><F5>. Sie gelangen in die Datum-Menüzeile. Mit <1> fügen Sie das Datum an der Position der Lichtmarke in den Text ein. <2> ändert den Aufbau des Datums und <3> setzt im Text einen Code, der automatisch das aktuelle Tagesdatum an dieser Stelle einsetzt. - Datum einfügen: Lichtmarke an die Position bewegen, an der das Datum eingesetzt werden soll, und <SHIFT><F5><1> drücken. - Funktionscode einfügen: Lichtmarke an Position setzen und <SHIFT><F5><3> eingeben. Immer wenn Sie Ihre Datei abrufen oder ausdrucken, wird an dieser Stelle das aktuelle Datum eingefügt. - Datumscode beim Mischvorgang: Beim Mischvorgang können Datum und Uhrzeit mit der Codierung ^D aus der Primärdatei abgerufen werden. Bringen Sie die Lichtmarke an die entsprechende Position, drücken Sie MISCH-BEFEHLE <ALT><F9> und geben <D> ein. Der auf dem Bildschirm sichtbare Code ^D ruft beim späteren Mischvorgang das aktuelle Datum an diese Stelle. - Aufbau ändern: Mit <SHIFT><F5><2> gelangen Sie in ein selbsterklärendes Menü zum Datumsaufbau.
DEZIMAL TABULATOR	Mit der Tastenkombination ZEILE <SHIFT><F8> und <1> holen Sie das Tabulatorlineal auf den Bildschirm. Ändern Sie die Tabulatoren entsprechend der hinzugefügten Erklärung.
DISKETTEN-KAPAZITÄT	DATEIVERZEICHNIS <F5><RETURN> gibt Ihnen nicht nur einen Überblick über den Inhalt der auf Diskette gespeicherten Dateien, sondern sagt Ihnen in der Kopfzeile rechts auch, wieviel Speicherraum noch auf der Diskette zur Verfügung steht.
DOS-AUFRUF	Wenn Sie WordPerfect nicht vom MANAGER (ein sehr komfortables Zusatzprogramm zu WordPerfect) gestartet haben, gelangen Sie mit <STRG><F1><1> auf die DOS-Ebene. Geben Sie jetzt den DOS-Befehl ein. Kehren Sie anschließend über EXIT <F7> an die aktuelle Stelle in Ihrem Text zurück.

DOS-TEXTDATEI	Mit Drücken von <STRG><F5> gelangen Sie in ein Konvertierungsprogramm, das Ihnen ermöglicht, DOS-Textdateien in WordPerfect-Dateien umzuschreiben und anschließend weiter zuverarbeiten.
DRUCK FORTSETZEN	Wenn Sie den Druckvorgang unterbrochen haben, müssen Sie dem Drucker über das Menü DRUCKERKONTROLLE <SHIFT><F7><4> mit <G> den Befehl zur Wiederaufnahme des Ausdrucks geben. Haben Sie von einer umfangreichen Datei schon einige Seiten ausgedruckt, müssen Sie die Seitenzahl angeben, an der der Druck wiederaufgenommen werden soll.
DRUCK STOPPEN	Mit der Funktion Druck Stoppen können Sie den Druckvorgang unterbrechen. Dabei wird der Druckjob (Druckarbeitsgang) nicht aus der Warteschlange (der abzuarbeitenden Druckvorgänge) gelöscht. - Drücken Sie DRUCK <SHIFT><F7>. Mit <4> gelangen Sie zur DRUCKER-KON-TROLLE. Stoppen Sie den Druck mit <S>. - Sie verlassen das Menü mit <ENTER>. - Druck fortsetzen: s.o.
DRUCK ANGABEN	Sie können für einen gesamten Arbeitsvorgang mit WordPerfect die Druckangaben ändern. Das System schaltet wieder auf die Standardangaben, wenn das Programm verlassen wird. - Drücken Sie DRUCK <SHIFT><F7> und <4> für die Drucker-Kontrolle. - Geben Sie <1> ein, um zur Auswahl der Druck-Angaben zu gelangen. - Ändern Sie jetzt mit <1> die Drucker-Nummer, mit <2> die Anzahl der Kopien und mit <3> den Heftrand. - Mit <ENTER><ENTER> gelangen Sie wieder in den Text.

DRUCK-ANGABEN ÄNDERN

Um die Druckangaben nur für einen einzigen Ausdruck zu verändern, gehen Sie folgendermaßen vor:

- Drücken Sie DRUCK <SHIFT><F7>, und geben Sie <3> für Druck-Angaben ein.

- Ändern Sie jetzt mit <1> die Drucker-Nummer, mit <2> die Anzahl der Kopien und mit <3> den Heftrand.

- Gehen Sie mit <ENTER><ENTER> aus dem Menü und starten Sie den Druck mit <1> für Datei oder <2> für die aktuelle Seite Ihres Textes.

DRUCKEN

Die Druckersteuerung von WordPerfect ist sehr komplex und läßt kaum Wünsche offen.

- Mit <SHIFT><F7> gelangen Sie ins DRUCK-MENÜ.

- AKTUELLE DATEI: Drücken Sie <1>, dann wird die aktuelle Datei ausgedruckt.

- AKTUELLE SEITE: Drücken Sie <2>, dann wird die aktuelle Seite ausgedruckt.

- Datei über Druckerkontrolle drucken: Geben Sie DRUCK <SHIFT><F7><4> und <D> für Datei drucken ein. Geben Sie den Namen der betreffenden Datei ein. Drücken Sie <ENTER>. Sollen einzelne Seiten gedruckt werden, geben Sie die Seitenzahl an. Wollen Sie die gesamte Datei drucken, nochmals <ENTER> eingeben.

- Mit <ENTER> kehren Sie in Ihren Text zurück.

DRUCKEN AUS INHALTSVERZEICHNIS

Wenn sie eine der im Inhaltsverzeichnis aufgeführten Dateien ausdrucken wollen, geben Sie <F4><ENTER> ein.

- Steuern Sie die Lichtmarke auf die entsprechende Datei.

- Geben Sie <4> ein.

- Mit <ENTER> kehren Sie in Ihren Text zurück.

DRUCKER UND SCHRIFTEN ANZEIGEN

Diese Funktion verschafft Ihnen einen Überblick über die installierten Drucker und die zugehörigen Schriften, die Ihnen zur Verfügung stehen.

- Drücken Sie DRUCK <SHIFT><F7> und <4> für Druckerkontrolle.

- Mit <2> erreichen Sie die Übersicht "Drucker und Schriften".

- Blättern Sie die Auflistung mit <ENTER> durch.

- <ENTER><ENTER> bringt Sie in den Text zurück.

DRUCKERAUSWAHL

WordPerfect kann bis zu 6 Drucker verwalten, deren Daten (Druckbeschribung und Schriften) Ihnen jederzeit zur Verfügung stehen.

- Über DRUCK <SHIFT><F7><4> gelangen Sie zur Drucker-Kontrolle.

- Geben Sie <3> zur Drucker-Auswahl ein.

- Geben Sie die Nummer Ihres Druckers ein. Ist der Drucker nicht aufgeführt, vergewissern Sie sich im Druckerhandbuch, ob Ihr Gerät nicht zu einem aus der Liste kompatibel ist. Geben Sie dessen Nummer ein.

- Geben Sie den Ausgangskanal ein. Die LPT-Kanäle sind parallele, die COM-Kanäle sind serielle Anschlüsse.

- Geben Sie die Nummer der von Ihnen gewünschten Papierzufuhr ein.

- (Wählen Sie gegebenenfalls den Einzelblatteinzug aus der Liste).

- Mit EXIT <F7> und <ENTER> kehren Sie in den Text zurück.

DRUCKER BEFEHL EINFÜGEN

Mit einem Druckerbefehl werden besondere Funktionen Ihres Druckers kontrolliert. Sie finden die Druckerbefehle im Druckerhandbuch. Druckerbefehle werden nicht auf dem Bildschirm ausgegeben, sind jedoch mit STEUERZEICHEN <ALT><F3> sichtbar zu machen.

- Drücken Sie DRUCKFORMAT <STRG><F8>, und geben Sie <A> ein, um den Druckerbefehl einfügen zu können.

- Geben Sie den Befehl ein und kehren Sie mit <ENTER> in den Text zurück.

DRUCKER KONTROLLE

Die DRUCKERKONTROLLE erreichen Sie mit <SHIFT><F7><4>. Das Menü bietet Ihnen vielfältige Möglichkeiten der Druckersteuerung und .-kontrolle.

DRUCK-ANGABEN

DRUCKER UND SCHRIFTEN

DRUCKER-AUSWAHL

DATEI DRUCKEN

DRUCK FORTSETZEN

JOBS ANZEIGEN

JOBS LÖSCHEN

DRUCK STOPPEN

DRUCKJOB VORZIEHEN

DRUCKER-NUMMER

WordPerfect verwaltet bis zu 6 Druckern gleichzeitig. Jedem der Drucker ist eine Nummer (1-6) zugeteilt. Wollen Sie den Drucker wechseln, ändern Sie einfach die Druckernummer.

- Gehen Sie mit <SHIFT><F7><4><3> in die Druckerauswahl.

- Wählen Sie mit den Pfeiltasten den Drukker aus, den Sie verwenden wollen.

- EXIT <F7><RETURN> bringt Sie in den Text zurück.

DRUCK-FORMAT

Mit dem Menü DRUCKFORMAT <STRG><F8> greifen Sie unmittelbar in die Art und Weise ein, in der Ihr Text ausgedruckt wird. Sie haben die Möglichkeit, folgende Druckangaben zu ändern:

SCHRITTSCHALTUNG

SCHRIFT

ZEILEN PRO ZOLL

BLOCKSATZ

UNTERSTREICHUNGSART

SCHACHT-NR., EB-EINZUG

DRUCKERBEFEHL EINFÜGEN

DRUCKJOB ANZEIGEN

Wenn Sie eine oder mehrere Dateien zum Drucken freigeben, werden diese Dateien der Reihenfolge nach mit Nummern versehen. WordPerfect weiß dann, in welcher Reihenfolge die "Druckjobs" abzuarbeiten sind. Alle Jobs, die in der Warteschlange stehen, können angezeigt werden:

- Drücken Sie DRUCK <SHIFT><F7> und <4> für Druckerkontrolle.
- Geben Sie <J> für Jobs anzeigen ein.
- Die Jobs werden aufgelistet. Mit <ENTER> gelangen Sie in den Text zurück.

DRUCKJOB LÖSCHEN

Solange die Druckjobs noch nicht im Puffer Ihres Druckers gespeichert sind, können einen beliebigen oder alle Jobs aus der Warteschlange löschen.

- Drücken Sie DRUCK <SHIFT><F7> und wählen Sie mit <4> die DruckerKontrolle.
- Geben Sie <L> für Löschen ein.
- Geben Sie die Nummer des zu löschenden Druckjobs ein -oder *, wenn alle Druckjobs gelöscht werden sollen. Bestätigen Sie mit <ENTER>.
- Mit <ENTER> gelangen Sie in den Text zurück.

DRUCKJOB VORZIEHEN

Bei einem umfangreichen Ausdruck mehrerer Dateien kann es vorkommen, daß Sie gerne eine Datei aus der Warteschlange vorziehen möchten.

- Drücken Sie DRUCK <SHIFT><F7> und Druckerkontrolle <4>.
- Geben Sie <V> für Vorziehen ein.
- Geben Sie die Nummer des betreffenden Druckjobs ein. In der Statuszeile steht jetzt: "Aktuellen Job unterbrechen (J/N) N"
- Bei <N> wird die ausgesuchte Datei an den Anfang der Druckerschlange gebracht.
- Bei <J> wird der augenblickliche Druckvorgang unterbrochen und die vorgezogene Datei ausgedruckt. Anschließend wird der Ausdruck der Druckerschlange fortgesetzt.

DRUCK-MENÜ	Das DRUCKMENÜ erreichen Sie mit der Tastenkombination <SHIFT><F7><4>. Das Menü bietet Ihnen vielfältige Möglichkeiten, über die Tastatur direkt auf den Ausdruck Ihrer Dateien Einfluß zu nehmen.
DURCH-STREICHEN	Wenn Sie Texte markieren wollen, die später möglicherweise gelöscht werden sollen, ist dies mit der Funktion DURCHSTREICHEN möglich.

- Steuern Sie die Lichtmarke auf das erste oder letzte Zeichen des zu markierenden Textteils.

- Drücken Sie BLOCK <ALT><F4>, und gehen Sie mit der Lichtmarke ans entgegengesetzte Ende des zu markierenden Textes.

- Geben Sie TEXT MARKIEREN <ALT> <F5> ein und <4> für Durchstreichen. Beim Ausdruck wird der so gekennzeichnete Text durchgestrichen wiedergeben.

EB-EINZUG, SCHACHT-NR.	Bei der Texterfassung können Sie bestimmen, von welchem Schacht das Papier für den Druck eingezogen werden soll. (Beispiel: Sie verwenden unterschiedliche Firmenbriefbögen)

- Steuern Sie die Lichtmarke an den Seitenanfang vor die versteckten Steuerzeichen.

- Drücken Sie DRUCKFORMAT <STRG> <F8>.

- Wählen Sie <9> für die Auswahl des Schachtes.

- Geben Sie die Schachtnummer ein. Bestätigen Sie mit <ENTER>.

- Gehen Sie anschließend mit <ENTER> in Ihren Text zurück.

EINFÜGEN	Mit <EINFG> schalten Sie den Einfügemodus an und aus. Im Einfügemodus werden Buchstaben und Zahlen im Text eingefügt – im Überschreib-Modus werden die vorhandenen Texte überschrieben.

EINRÜCKEN LINKS	Wollen Sie einen Absatz vom linken Rand aus einrücken, dann erreichen Sie das durch Drücken von EINRÜCKEN <F4>. - Schreiben Sie den Absatz. - Drücken sie <ENTER>, um die Funktion wieder auszuschalten. "Ausgerückte Einrückung": - Drücken Sie EINRÜCKUNG <F4> - Drücken Sie RANDLÖSER (Tab-Taste) - Schreiben Sie den Text. Die erste Zeile beginnt jetzt am linken Rand auf Position 1. - Mit <ENTER> schalten Sie die Funktion wieder aus.
EINRÜCKEN BEIDSEITIG	Mit der Tastenkombination EINRÜCKEN <SHIFT><F4> können Sie einen Absatz um eine Tab-Position auf beiden Seiten gleichmäßig einrücken. - Drücken Sie <SHIFT><F4> (Sie können auch mehrmals drücken). - Schreiben Sie den Text. - Drücken Sie am Absatzende <ENTER>.
EXIT	Mit der Taste EXIT <F7> können Sie den bearbeiteten Text aufzeichnen, den Bildschirm löschen und WordPerfect verlassen. - Drücken Sie <F7>. Es erscheint die Frage: "Text aufzeichnen? (J/N) J" - Geben Sie <J> ein, wenn Sie den Text aufzeichnen wollen, und vergeben Sie einen Dateinamen. - Geben Sie <N> ein, wenn Sie den Text nicht aufzeichnen wollen. Sie löschen gleichzeitig den Bildschirm von allen Zeichen (auch den versteckten Steuerzeichen) und können eine neue Datei beginnen. - Um WordPerfect zu verlassen, beantworten Sie die Frage: "WP beenden? (J/N) mit <J>.

ENDNOTEN

Mit <STRG><F7> gehen Sie in das Menü FUßNOTE.

- Geben Sie <5> ein, und verzweigen Sie zur Endnote.

- Schreiben Sie den Text der Endnote, und gehen Sie mit <ENTER> wieder in den Text zurück. WordPerfect numeriert Endnoten selbstständig.

ENTER

Mit der Zeilenschaltung <ENTER> werden kurze Zeilen und Absätze beendet, Leerzeilen eingefügt und Befehle bestätigt.

ERSETZEN

Die Funktion ERSETZEN sucht von der Lichtmarkenposition aus nach einer bestimmten Zeichenfolge oder einem Wort und ersetzt diese durch andere Zeichen oder ein anderes Wort. Sie können den gesamten Text oder einen ausgezeichneten Block durchsuchen lassen. ERSETZEN sucht nur vorwärts.

- Drücken Sie ERSETZEN <ALT><F2>.

- Geben Sie <J> ein, wenn Sie das Ersetzen jedesmal bestätigen wollen.

- Geben Sie <N> ein, wenn WordPerfect Suchen und Ersetzen automatisch durchführen soll.

- Geben Sie die Zeichenfolge ein, die suchen wollen.

- Drücken Sie SUCHEN <F2>, und geben Sie die Zeichenfolge ein, mit der Sie austauschen wollen.

- Mit erneutem Drücken von SUCHEN <F2> starten Sie den Austauschvorgang.

Grenzen Sie den Suchbegriff klar ab. Wenn Sie das Wort "ab" austauschen wollen, geben Sie vor und nach dem Wort einen Leerschritt ein   sonst hält Wordperfect bei jeder Silbe "ab" an.

ESCAPE

WordPerfect nutzt die Taste ESCAPE <EINGLÖSCH> um die Eingabe eines Zeichens beliebig oft zu wiederholen.

- Drücken Sie <EINGLÖSCH>. In der Statuszeile erscheint n=8. Drücken Sie nun die Taste, die wiederholt werden soll. Der Tastendruck wird in diesem Fall achtmal wiederholt.

- Zum Ändern der Standardvorgabe "8" drücken Sie <EINGLÖSCH> und schreiben die gewünschte Zahl ein.

- Wenn Sie die Standardvorgabe für die ganze Zeit über, in der Sie mit Word-Perfect arbeiten, ändern wollen, geben Sie <EINGLÖSCH><NEUE ZAHL> ein und bestätigen mit <ENTER>.

FARBEN

Über die Tastenkombination BILDSCHIRM <STRG><F3> und <4> gelangen Sie in ein Menü, mit dem Sie die Farbanzeige Ihres Monitors bestimmen können. Wählen Sie nacheinander die Farben für Hintergrund, Vordergrund, Fett und Unterstreichen. Verlassen Sie das Menü über <ENTER>.

FENSTER

WordPerfect erlaubt Ihnen, zwei Dateien auf dem Bildschirm parallel zu bearbeiten. Der Bildschirm wird dabei von einem Tab-Lineal horizontal geteilt. Jedes der beiden Fenster ist ein eigener kleiner Monitor mit Statuszeile.

- Wenn Sie ein Fenster öffnen wollen, drücken Sie <STRG><F3> und <1> für Fenster.

- Geben Sie anschließend die gewünschte Zeilenzahl für die Größe des Fensters ein.

- Zweite Möglichkeit: Verschieben Sie das Tab-Lineal mit den Cursor-Tasten und bestätigen Sie die Postition mit <ENTER>. Der Bildschirm wird an dieser Stelle geteilt.

- Fenster schließen:

  <STRG><F3><1> drücken und eine Zahl eingeben, die größer als die Zeilenzahl, die auf Ihrem Monitor darstellbar ist (normalerweise >24).

- Oder: drücken Sie die Taste <↓>,bis das Tab-Lineal nicht mehr zu sehen ist. Bestätigen Sie mit <ENTER>.

FESTE ZEILENSCHALTUNG	WordPerfect bricht die Zeile am Zeilenende automatisch um. Bei einer kurzen Zeile oder bei einem bestimmten Zeilenende kann man mit <ENTER> eine feste Zeilenschaltung einfügen.
FESTER SEITENUMBRUCH	WordPerfect bricht die Seite am Seitenende automatisch um. Man kann aber an einer beliebigen Stelle auf der Seite durch die Tastenkombination <STRG><ENTER> einen festen Seitenumbruch durchführen.
FETT	Fettdruck erscheint auf dem Bildschirm hell unterlegt.

- Fetten Text aufnehmen: Drücken Sie FETT <F6>, schreiben Sie den Text und schalten FETT mit <F6> wieder aus.

- Fetten Text nachträglich markieren: Zeichnen Sie den Text, der fett erscheinen soll, mit der Blockfunktion <ALT><F4> und Lichtmarkensteuerung aus.

- Drücken Sie FETT <F6>.

- Zum Löschen des Fettdrucks machen Sie die versteckten Steuerzeichen [F][f] mit STEUERZEICHEN <ALT><F3> sichtbar, positionieren die Lichtmarke hinter den Funktionscode [F] und löschen den Code mit <RÜCKSCHRITT>.

FUßNOTEN	Um eine Fußnote einzufügen, bringen Sie die Lichtmarke an die Stelle, an der die Zahl der Fußnote erscheinen soll.

- Drücken Sie FUßNOTE <STRG><F7><l>.

- Schreiben Sie den Text der Fußnote.

- Gehen Sie mit EXIT <F7> in Ihren Text. WordPerfect numeriert Fußnoten automatisch.

FUßTEXT	Zur Vereinbarung eines Fußtextes gehen Sie mit <ALT><F8> ins Menü SEITENFORMAT und definieren mit <6> und <3> oder <4> den Fußtext A oder B.
GO SENDEN	Wenn Sie den Ausdruck unterbrochen haben, müssen Sie an den Drucker ein "GO" eingeben, damit dieser die Arbeit wieder aufnimmt.

- Drücken Sie DRUCK <SHIFT><F7><4>; und geben Sie <G> ein.

GROẞSCHREIBUNG — Drücken Sie die Taste <GROẞ>, schreiben Sie den Text, und schalten Sie die Großschreibung durch erneutes Drücken von <GROẞ> wieder aus.

HEFTRAND — Die Funktion Heftrand verschiebt den Text beim Ausdruck. Auf gerade numerierten 146n wird der Text nach links, auf ungeraden Seiten nach rechts verschoben. Dies erleichtert die Lochung der Seiten.

- Drücken Sie DRUCK <SHIFT><F7>, und geben Sie <3> ein, wenn die Änderung nur für dieses eine Dokument gelten soll.

- Geben Sie <4><1> ein, wenn Sie die Änderung während der Dauer Ihrer Arbeit mit WordPerfect aufrecht erhalten wollen.

- Geben Sie <3> ein, und definieren Sie den Heftrand in Zehntelzoll.

- <ENTER> bringt Sie in den aktuellen Text zurück.

HILFE — WordPerfect bietet Ihnen mit der Taste HILFE <F3> Unterstützung für den Fall an, daß Sie mit irgend einer Funktion nichts anzufangen wissen. Sie haben dabei zwei Möglichkeiten:

- Wenn Sie <F3> eingeben gefolgt von einem Buchstaben des Alphabets, wird Ihnen WordPerfect die Funktionen, die mit diesem Buchstaben beginnen, nach und nach zeigen.

- Sie können aber auch gezielt vorgehen: Geben Sie nach <F3> die genaue Funktion an, die Sie ansteuern wollen, dann kommentiert WordPerfect genau diese Funktion.

- Mit <LEERSCHRITT> oder <ENTER> gelangen Sie wieder in den normalen Text.

HOCH/TIEF

Diese Funktion stellt entweder ein Zeichen oder einen als Block markierten Text hoch oder tief. Die Art der Hoch-oder Tiefstellung hängt davon ab, wie Ihr Drucker sie ausgibt.

- Drücken Sie HOCH/TIEF <SHIFT><F1>.

- Geben Sie <1> für Hoch und <2> für Tiefstellung ein.

- Geben Sie das Zeichen ein.

- Wenn Sie eine Zeichenfolge hoch, oder tiefstellen wollen, markieren Sie diese Zeichenfolge als Block mit <ALT><F4> und Lichtmarkensteuerung.

- Drücken Sie nun HOCH/TIEF <SHIFT> <F1> und entweder <1> oder <2>.

INDEX

Mit WordPerfect ist die automatische Erstellung eines Stichwortverzeichnisses möglich:

- Bringen Sie die Lichtmarke auf den Begriff, den Sie in den Index übernehmen wollen.

- Drücken sie TEXT MARKIEREN <ALT><F5>.

- Drücken Sie <5> für Index.

- Mit <ENTER> übernehmen Sie den bestimmten Begriff.

- Wiederholen Sie diesen Vorgang, bis alle Begriffe übernommen sind.

**INHALTS-
VERZEICHNIS
DISKETTE**

Mit Drücken der Taste DATEIVERZEICHNIS <F5><RETURN> gelangen Sie ins Inhaltsverzeichnis der Diskette, auf der gegenwärtig Ihre Daten gespeichert werden. Sie erhalten folgende Informationen:

- Alle Dateien alphabetisch sortiert.

- Umfang der gegenwärtig bearbeiteten Datei

- Freie Speicherkapazität der Diskette

- Die aufgelisteten Dateien können wiedergegeben, gelöscht, umbenannt, gedruckt, angezeigt und kopiert werden.

- DOS-Dateien können in WordPerfect eingelesen werden.

- Sie können jede Datei durch Eingabe des Namens sofort aufsuchen.

INHALTS-VERZEICHNIS ERSTELLEN	Wenn Sie für einen längeren Text ein Inhaltsverzeichnis erstellen wollen,

INHALTS-
VERZEICHNIS
ERSTELLEN

Wenn Sie für einen längeren Text ein Inhaltsverzeichnis erstellen wollen,

- Steuern Sie die Lichtmarke auf den entsprechenden Begriff, der übernommen werden soll.
- Markieren Sie den Begriff mit der Funktion BLOCK <ALT><F4> und die Lichtmarkensteuerung.
- Drücken Sie TEXT MARKIEREN <ALT><F5>.
- Geben Sie <1> für Inhaltsverzeichnis ein.
- Definieren Sie die Stufe -5 Stufen sind möglich.

KONVERTIERUNG
KLEIN/GROß

Sie können eine mit Kleinbuchstaben geschriebene Passage ohne viel Mühe in Großschreibung umwandeln.

- Markieren Sie den Text mit der Blockfunktion <ALT><F4> und der Lichtmarkensteuerung.
- Drücken Sie UMSCHALTEN <SHIFT> <F3>, und wählen Sie <1> für Großbuchstaben und <1> für Kleinschreibung.

KOPIEREN
AUS INHALTS-
VERZEICHNIS

Wenn Sie eine Datei von einer Diskette auf eine andere kopieren wollen (oder in ein anderes Verzeichnis), gehen Sie mit <F5><ENTER> ins Dateiverzeichnis, und drücken Sie die Option <8>.

- Geben Sie die Zieldiskette bzw. das Zielverzeichnis an.
- Bestätigen sie mit <ENTER>.

KOPFTEXT

Kopfzeilen können zur besseren Übersicht des Textes beim Druck auf jeder, jeder geraden oder jeder ungeraden Seite angebracht werden.

- Steuern Sie die Lichtmarke an den Beginn der Seite, von der ab die Kopfzeile erscheinen soll.
- Drücken Sie SEITENFORMAT <ALT> <F8>, und geben Sie <6> ein.
- Wählen Sie Typ und Ort der Kopfzeile durch Drücken der entsprechenden Nummern aus.
- Geben Sie den Text der Kopfzeile ein.
- Wenn Sie EXIT <F7> drücken, wird dieser Text gespeichert.-Mit <ENTER> erreichen Sie wieder Ihren Text.

KORREKTUR-KENNUNG

Die Korrekturkennung ermöglicht Ihnen Texteinfügungen besonders auszuzeichnen.

- Beim Einfügen bringen Sie die Lichtmarke zur Stelle, an der eingefügt werden soll, drücken Sie die Taste TEXT MARKIEREN <ALT><F5><3> und schreiben Ihren Text.
- Drücken Sie erneut die Taste TEXT MARKIEREN, und schalten Sie die Funktion mit <3> wieder aus.
- Wenn bereits erfaßter Text mit einer Korrekturkennung versehen werden soll, zeichnen Sie diesen Text mit der Blockfunktion <ALT><F4> und der Lichtmarke aus.
- Drücken Sie die Taste TEXT MARKIEREN <ALT><F5><3>.

Beim Ausdruck wird der so gekennzeichnete Text mit einem vertikalen Strich am linken Rand versehen.

LINIE ZIEHEN

WordPerfect beherrscht einfache Liniengrafik.

- Drücken Sie BILDSCHIRM <STRG><F3> und <2>, um ins Grafikmenü zu gelangen.
- Wählen Sie die Linie, und erstellen Sie mit der Lichtmarkensteuerung Ihre Grafik.

LISTE ERSTELLEN

WordPerfect unterstützt das Definieren und Generieren von bis zu fünf Listen.

- Markieren Sie den Text, der in die Liste übernommen werden soll mit der Funktion BLOCK <ALT><F4> und der Lichtmarkensteuerung. Der Textteil ist hell unterlegt.

- Drücken Sie die Taste TEXT MARKIEREN <ALT><F5>, und geben Sie <2> für LISTE ein.

- Geben Sie die Nummer der Liste (1-5) an, in die der Text übernommen werden soll.

- Wiederholen Sie diese Schritte für alle übrigen Textteile, die Sie für die Liste vorgesehen haben.

- Steuern Sie die Lichtmarke zu der Position, auf der die Liste eingefügt werden soll. Definieren und generieren Sie die Liste.

LÖSCHEN-SPEICHER

WordPerfect merkt sich jeweils die drei letzten Löschvorgänge, die Sie in Ihrem Text durchgeführt haben. Um gelöschten Text wieder abrufen zu können, steht Ihnen die Löschpeicher-Funktion zur Verfügung.

- Drücken Sie STORNO <F1>. Die Optionen des Löschspeichers erscheinen in der Statuszeile.

- Wählen Sie <1>, wenn Sie den Text abrufen wollen und

- <2>, wenn Sie weiter zurückblättern müssen.

- Mit <1> können Sie anschließend den gelöschten Text wieder auf Ihren Bildschirm bringen.

MACRO

Die Macrofunktion erleichtert Ihnen den Umgang mit WordPerfect ganz enorm. Unter Macro versteht man eine Befehlsfolge, die abgespeichert wird, so daß man nicht jedesmal die Stufen verschiedener Bedienungsmenüs durchlaufen muß.

- Drücken Sie MACRODEF <STRG><F10>.

- Vergeben Sie den Macronamen (zwei bis acht Buchstaben)

- Drücken Sie nun die Tastenfolge, die Sie als Macro gespeichert sehen möchten. Der Macro wird auf dem Standardlaufwerk mit der Zusatzbezeichnung .mac abgelegt. Zum Aufrufen drücken Sie MACRO <ALT><F10> und geben den Macronamen ein. Bestätigen Sie mit <ENTER>, und die Befehlsfolge läuft ab.

MANAGER

Mit der Tastenkombination <STRG><F1> kommen Sie zum WP-Manager, einem Zusatzprogramm, das einige sehr nützliche Ergänzungen zu WordPerfect bietet.

MISCHBEFEHLE

MISCHBEFEHLE erreichen sie mit <ALT><F9>. Übersicht:

- ^C: Unterbricht den Mischvorgang für eine Tastatureingabe.
- ^D: Fügt das aktuelle Datum ein.
- ^E: Ende eines Datensatzes der Sekundärdatei.
- ^Fn: Fügt Inhalt von Feld "n" an Codeposition ein.
- ^G: ^GMacroname^G startet den entsprenden Macro nach Beendigung des Mischvorgangs
- ^N: Liest nächsten Datensatz der Sekundärdatei ein.
- ^O: Gibt Meldung in der Statuszeile aus.
- ^P: ^PDateiname^P wechselt zur entsprechenden Datei.
- ^Q: Stoppt den Mischvorgang
- ^R: Ende eines Datenfeldes in der Sekundärdatei. Setzt Mischvorgang fort.
- ^S: ^SDateiname^S wechselt zur entsprechenden Sekundärdatei
- ^T: Schickt den bis zu diesem Punkt gemischten Text an den Drucker.
- ^U: Zeigt bisheriges Mischergebnis an.
- ^V: ^VMISCH-BEFEHL^V fügt den entsprechenden Mischbefehl in die zu erstellende Datei ein.

MISCHEN

Mit der Mischfunktion können Serienbriefe, Adreßlisten usw. erstellt werden. Der Mischvorgang verbindet mittels der Mischbefehle eine Primärdatei mit einer Sekundärdatei.

- Drücken Sie MISCHEN/SORT <STRG> <F9>.
- Drücken Sie <1> für Mischen.
- Geben Sie die Primärdatei (beispielsweise Text) ein und drücken Sie <ENTER>.
- Geben Sie die Sekundärdatei (beispielsweise Adressen) ein, gefolgt von <ENTER>.

NAME SUCHEN IM VERZEICHNIS INHALT

Gehen Sie mit <F5><ENTER> ins DATEI-VERZEICHNIS, und geben Sie den Namen der Datei, die Sie suchen ein. Die Lichtmarke bleibt auf dieser Datei stehen. Drükken Sie eine beliebige Taste. Jetzt haben Sie die Möglichkeiten, die Ihnen in den beiden untersten Zeilen aufgezeigt werden.

NEU ANZEIGEN

WordPerfect kann nach jeder Änderung den Bildschirminhalt automatisch neu anzeigen.

- Drücken Sie BILDSCHIRM <STRG><F3> und <5> ein. Sie können diese Angabe auch fest ins Startmenü übernehmen.

NEUE FUß-NOTENNUMMER

Mit <STRG><F7><3> können Sie eine neue Fußnotennummer vereinbaren.

NEUE SEITENNUMMER

Wenn Sie einen längeren Text in mehreren Dateien abgespeichert haben und ausdrukken wollen, müssen Sie für die einzelnen Seiten neue Seitennummern definieren.

- Drücken Sie SEITENFORMAT <ALT> <F8> und <2>. Geben Sie am Anfang jeder Datei die entsprechende neue Seitennummer ein.

OBERER BLATTRAND

Standardmäßig ist WordPerfect auf einen oberen Blattrand von 1 Zoll ausgerichtet. 1 Zoll = 12 halbe Zeilen. Diesen Rand können Sie beliebig verändern.

- Steuern Sie die Lichtmarke an den Beginn der Seite, von der ab der neu zu definierende Rand gelten soll.

- Drücken Sie SEITENFORMAT <ALT> <F5> und <5>. Geben Sie den neuen Rand ein. Bestätigen Sie mit <ENTER>.

- Drücken Sie nochmals <ENTER>, und Sie befinden sich wieder im Text.

PAPIEREINZUG

Sie können die Art und Weise des Papiereinzugs wechseln:

- Gehen Sie über DRUCK <SHIFT> <F7><4> in die Druckerkontrolle und rufen Sie mit <3> die Druckerauswahl auf. Mit <RETURN><RETURN> gelangen Sie zum Auswahlmenü BLATTEINZUG.

- Wählen Sie <1><2> oder <3>.

PITCH	Die Schrittschaltung können Sie über das Menü DRUCKFORMAT <STRG><F8><1> ändern.

- Geben Sie die neue Schrittschaltung ein.

- Drücken Sie dreimal <RETURN>. Sie befinden sich wieder im Text.

RANDAUS-RÜCKUNG	Fahren Sie die Lichtmarke an den Rand, und drücken Sie <SHIFT><TAB>.
RÄNDER	Der linke und der rechte Rand lassen sich auf eine beliebige Position zwischen 0 und 250 festlegen.

- Drücken Sie ZEILENFORMAT <SHIFT><F8>.

- Geben Sie <3> für Ränder ein.

- Geben Sie die Angabe für den linken Rand ein und drücken Sie <RETURN>.

- Geben Sie die Angabe für den rechten Rand ein und drücken Sie <RETURN>

Die Ränder lassen sich auch dauerhaft im Startmenü verändern.

RANDZONE	Die Bestimmung der Randzone spielt eine wichtige Rolle bei der Trennung. Die Standardwerte der Randzone betragen 7 und 0. Fängt ein Wort vor der Randzone an und hört dahinter auf, wird es von WordPerfect getrennt. Fängt ein Wort hinter dem linken Rand der Randzone an und geht über den rechten Rand hinaus, wird es vollständig in die nächste Zeile übernommen. Je enger Sie die Randzone einteilen, desto häufiger wird getrennt. Zur Einstellung:

- Drücken Sie ZEILENFORMAT <SHIFT><F8>.

- Schalten Sie mit <5> ins Trennmenü.

- Nach Drücken von <3> können Sie eine neue Randzone vereinbaren. Definieren Sie den linken Rand <RETURN>, anschließen den rechten Rand <RETURN>.

RECHNEN

Mit der Tastenkombination MATH/SPALTEN <ALT><F7> können Sie in die Rechenfunktion von WordPerfect verzweigen. Das Programm ermöglicht Ihnen kolonnenabwärts Zwischensummen, Summen und Endsummen zu errechnen und die vier Grundrechenarten anzuwenden. Nähere Einzelheiten finden Sie im Kapitel "Rechnen mit WordPerfect".

RECHTSBÜNDIG

Wenn Sie Ihren Text am rechten Rand ausrichten wollen:

- Drücken Sie die Taste RECHTSBDG <ALT><F6>. Die Lichtmarke springt an den rechten Rand.

- Schreiben Sie den Text.

- Mit <RETURN> schalten Sie die Funktion wieder aus.

- Wenn Sie schon bestehenden Text rechtsbündig ausrichten wollen, markieren Sie die Passage mit der Blockfunktion <ALT><F4> und der Lichtmarke. Der Text erscheint hell unterlegt.

- Drücken Sie die Taste RECHTSBÜNDIG <ALT><F6>, und beantworten Sie die Frage [Rebdg]? (J/N) mit <J>.

SCHREIB-MASCHINE

WordPerfect bietet Ihnen mit der Funktion SCHREIBMASCHINE die Möglichkeit, Ihren Drucker wie eine Schreibmaschine zu nutzen.

- Drücken Sie DRUCK <SHIFT><F7> und <5> für Schreibmaschine.

- Wählen Sie <1> für zeilenweise oder <2> für zeichenweises Drucken.

SCHRIFT

Zusammen mit der Druckerdefinition lädt WordPerfect auch eine Auswahl Schriften (bis zu 8), die der Drucker auf Befehl ausgeben kann. Natürlich muß bei Typenradschreibmaschinen das Typenrad gewechselt werden. Zur Schriftänderung gehen Sie folgendermaßen vor:

- Steuern Sie die Lichtmarke an den Punkt im Text, von wo aus Sie die Schrift ändern wollen.

- Drücken Sie DRUCKFORMAT <STRG> <F8>.

- Drücken Sie <1>, und wählen Sie die Schrittschaltung, die unter Umständen von der gewählten Schrift abhängig ist. Drücken Sie <RETURN>.

- Geben Sie die Schriftnummer 1-8 ein, und drük-ken Sie erneut <RETURN>.

- Drucken Sie jetzt den Text mit DRUCK <SHIFT><F7><1> oder <2>. Oder:

- Gehen Sie mit der Lichtmarke an die Stelle in Ihrem Text, von wo aus Sie mit der ursprünglichen Schrift fortfahren wollen. Ändern Sie wieder entsprechend der o.a. Schritte die Schrift.

SEITE DRUCKEN

Gehen Sie mit <SHIFT><F7> ins DRUCK-MENÜ.

- Geben Sie <2> SEITE ein. Der Drucker druckt nun die Seite, auf der Sie sich auf Ihrem Bildschirm befinden.

SEITE LÖSCHEN

Mit <STRG><BILD> können Sie die gesamte Seite löschen.

SEITEN-FORMAT

Mit dem SEITENFORMAT wird das spätere Druckbild einer Seite bestimmt.

- Gehen Sie mit <ALT><F8> ins SEITEN-FORMAT.

- Wählen Sie die gewünschte Funktion und verändern Sie die Standardwerte nach Ihren Vorstellungen. Bestätigen Sie mit <RETURN>.

SEITENFORMAT UNTERDRÜCKEN

Wenn Sie Seitenformat-Angaben für eine bestimmte Seite unterdrücken wollen:

- Bringen Sie die Lichtmarke an den Seitenanfang vor die versteckten Steuerzeichen.
- Drücken Sie SEITENFORMAT <ALT> <F8> und <8>.
- Wählen Sie die Spezifikationen, die Sie unterdrücken wollen aus, und bestätigen Sie mit <RETURN>.
- Mit erneutem Drücken von <RETURN> kommen Sie wieder in Ihren Text.

SEITENLÄNGE

Sie können die Seitenlänge vor und innerhalb einer Datei jederzeit ändern. Die Standardvorgaben bei WordPerfect sind 58 Textzeilen, wobei jeweils 6 Zeilen für den oberen und den unteren Rand reserviert sind. Auf ein DIN A4 Blatt passen also insgesamt 70 Zeilen. Beachten Sie bitte, daß, wenn beim Ausdruck Seitenzahlen und Kopf-bzw. Fußzeilen mit ausgedruckt werden, sich die Zahl der Textzeilen um diese Zeilen verringert. Wenn Sie die Seitenlänge ändern wollen:

- Drücken Sie SEITENFORMAT <ALT> <F8>.
- Wählen Sie Option <4> für Seitenlänge.
- Geben Sie <3> ein, wenn Sie die Zeilenzahl selbst festlegen wollen.
- Mit <RETURN> kehren Sie in den Text zurück.

SEITENNUMMER, POSTITION

Seitennummern können Sie an verschiedenen Stellen der Seite anordnen.

- Drücken Sie SEITENFORMAT <ALT> <F8>.
- Wählen Sie <1> für Position Seitennummer.
- Anhand des Menüs wählen Sie die Position aus.
- Mit <RETURN> gehen Sie in den Text zurück.

SEITENUMBRUCH, FEST	WordPerfect bricht die Seite am Seitenende automatisch um. Man kann aber an einer beliebiegen Stelle auf der Seite durch die Tastenkombination <STRG><ENTER> einen festen Seitenumbruch durchführen.
SORTIEREN	Mit der Tastenkombination MISCH/SORT <STRG><F9> bietet Ihnen WordPerfect eine recht komfortable Sortierfunktion. Nähere Angaben zum Vorgehen finden Sie im Kapitel "Sortieren mit WordPerfect".
SPALTEN VERSCHIEBEN	Text-und Zahlenkolonnen, die durch Ausrichten, Einrücken, Tabs oder feste Zeilenschaltungen definiert sind, können verschoben werden.

SPALTEN VERSCHIEBEN (Fortsetzung):

- Bringen Sie die Lichtmarke an den Anfang der zu verschiebenden Spalte.
- Markieren Sie die Spalte mit der Blockfunktion <ALT><F4> und der Lichtmarke.
- Drücken Sie VERSCHIEBEN <STRG><F4>.
- Drücken Sie <4> für Spalten.
- Geben Sie <1> für Verschieben und <2> für Kopieren ein.
- Steuern Sie die Lichtmarke auf den Punkt, wo die Spalte eingefügt werden soll.
- Drücken Sie erneut VERSCHIEBEN <STRG><F4>.
- Rufen Sie mit <4> die Spalte ab.

SPALTEN DEFINITION	Mit WordPerfect können sie vertikale (Zeitungsspalten) und parallele (Textspalten) definieren.

- Drücken Sie MATH/SPALTEN <ALT><F7>.
- Wählen Sie <4> Spalten def.
- Definieren Sie die gewünschten Spalten.

STANDARD-LAUFWERK ÄNDERN

- Drücken Sie DATEIVERZEICHNIS <F5>, und ändern Sie mit <=><Neues Laufwerk> das Standardlaufwerk.
- Zweite Möglichkeit: Drücken Sie DATEIVERZEICHNIS <F5><ENTER><7>, und wählen Sie dann das neue Standardlaufwerk.

STEUERZEICHEN

WordPerfect hält den Bildschirm von Steuerzeichen frei. Wenn Sie eine Funktion eingeben, wird das Programm in den allermeisten Fällen aber ein verdecktes Steuerzeichen einfügen.

Diese Codes können mit der Funktion STEUERZEICHEN <ALT><F3> sichtbar gemacht werden. Sie können dann mit Lichtmarkensteuerung und <RÜCKSCHRITT> gelöscht werden. Durch Drücken von <RETURN> oder <LEERSCHRITT> gelangen Sie in die normale Textdarstellung zurück.

STORNO

STORNO <F1> storniert die letzte Tasteneingabe.

- Ein WordPerfect-Menü oder eine WP-Meldung verschwindet wieder vom Bildschirm.

- Gelöschter Text kann innerhalb der letzten drei Löschungsvorgänge zurückgeholt werden.

- Die Blockfunktion wird ausgeschaltet.

SUCHEN UND ERSETZEN

Die Funktion ERSETZEN sucht von der Lichtmarkenposition aus nach einer bestimmten Zeichenfolge oder einem Wort und ersetzt diese durch andere Zeichen oder ein anderes Wort. Sie können den gesamten Text oder einen ausgezeichneten Block durchsuchen lassen. ERSETZEN sucht nur vorwärts.

- Drücken Sie ERSETZEN <ALT><F2>.

- Geben Sie <J> ein, wenn Sie das Ersetzen jedesmal bestätigen wollen.

- Geben Sie <N> ein, wenn WordPerfect Suchen und Ersetzen automatisch durchführen soll.

- Geben Sie die Zeichenfolge ein, die Sie suchen wollen.

- Drücken Sie SUCHEN <F2>, und geben Sie die Zeichenfolge ein, mit der Sie austauschen wollen.

- Mit erneutem Drücken von SUCHEN <F2> starten Sie den Austauschvorgang. Grenzen Sie den Suchbegriff klar ab. Wenn Sie das Wort "ab" austauschen wollen, geben Sie vor und nach dem Wort einen Leerschritt ein -sonst hält WordPerfect bei jeder Silbe "ab" an.

SUCHEN VORWÄRTS	Drücken Sie SUCHEN VORWÄRTS <F2>. - Geben Sie das Wort oder den Begriff, den Sie suchen, ein, und drücken Sie erneut <F2>. Wiederholen Sie den Vorgang so oft wie nötig.
SUCHEN RÜCKWÄRTS	Drücken Sie SUCHEN RÜCKWÄRTS <SHIFT><F2>, wenn Sie vom Textende aus rückwärts suchen wollen. Verfahren Sie analog zu SUCHEN VORWÄRTS.
TAB-LINEAL	WordPerfect erlaubt Ihnen, zwei Dateien auf dem Bildschirm parallel zu bearbeiten. Der Bildschirm wird dabei von einem Tab-Lineal horizontal geteilt. Jedes der beiden Fenster ist ein eigener kleiner Monitor mit Statuszeile. - Wenn Sie ein Fenster öffnen wollen, drücken Sie <STRG><F3> und <1> für Fenster. - Geben Sie anschließend die gewünschte Zeilenzahl für die Größe des Fensters ein. - Zweite Möglichkeit: Verschieben Sie das Tab-Lineal mit den Cursor-Tasten, und bestätigen Sie die Postition mit <ENTER>. Der Bildschirm wird an dieser Stelle geteilt. - Fenster schließen: <STRG><F3><1> drücken und eine Zahl eingeben, die größer als die Zeilenzahl, die auf Ihrem Monitor darstellbar ist (normalerweise >24). - Oder: Drücken Sie die Taste <>, bis das Tab-Lineal nicht mehr zu sehen ist. Bestätigen Sie mit <ENTER>.
TAB-SPRUNG	Wenn Sie die TAB-TASTE drücken, bewegt sich die Lichtmarke in der Standardvorgabe jeweils um fünf Stellen weiter.
TABULATOREN SETZEN	Mit der Tastenkombination ZEILENFORMAT <SHIFT><F8> und <1> gelangen Sie in ein Menü zum Setzen von Tabulatoren. Folgen Sie dort den Anweisungen.

TEXT EIN/AUS

Mit der Tastenfunktion TEXT EIN/AUS <STRG><F5> läßt sich Text vom Bildschirm als DOS-Textdatei auf Diskette speichern. Ebenso ist es möglich, DOS-Textdateien in WordPerfect wiederzugeben.Text als DOS-Datei speichern:

- Drücken Sie TEXT EIN/AUS <STRG><F5>.

- Geben Sie <1> ein.

- Vergeben Sie einen Dateinamen, und bestätigen Sie mit <RETURN> DOS-Textdatei wiedergeben:

- Drücken Sie TEXT EIN/AUS <STRG><F5>.

- Geben Sie <1> ein.

- Vergeben Sie einen Dateinamen, und bestätigen Sie mit <RETURN>.

TEXTKONVERTIEREN

Mit <F5><RETURN> gelangen Sie ins DATEIVERZEICHNIS.

- Drücken Sie <5>, dann wird eine Kopie der angegebenen DOS-Datei für WordPerfect aufbereitet und auf dem Bildschirm ab Lichtmarkenposition eingefügt.

TEXT MARKIEREN

Die Korrekturkennung ermöglicht Ihnen, Texteinfügungen besonders auszuzeichnen.

- Beim Einfügen bringen Sie die Lichtmarke zur Stelle, an der eingefügt werden soll, drücken die Taste TEXT MARKIEREN <ALT><F5><3> und schreiben Ihren Text.

- Drücken Sie erneut die Taste TEXT MARKIEREN, und schalten Sie die Funktion mit <3> wieder aus.

- Wenn bereits erfaßter Text mit einer Korrekturkennung versehehen werden soll, zeichnen Sie diesen Text mit der Blockfunktion <ALT><F4> und der Lichtmarke aus.

- Drücken Sie die Taste TEXT MARKIEREN <ALT>>F5><3>.

Beim Ausdruck wird der so gekennzeichnte Text mit einem vertikalen Strich am linken Rand versehen. Wenn Sie Texte markieren wollen, die später möglicherweise gelöscht werden sollen, ist dies mit der Funktion DURCHSTREICHEN möglich.

- Steuern Sie die Lichtmarke auf das erste oder letzte Zeichen des zu markierenden Textteils.

- Drücken Sie BLOCK <ALT><F4>, und gehen Sie mit der Lichtmarke ans entgegengesetzte Ende des zu markierenden Textes.

- Geben Sie TEXT MARKIEREN <ALT><F5> ein, und <4> für Durchstreichen. Beim Ausdruck wird der so gekennzeichnete Text durchgestrichen wiedergeben.

TEXTSPALTE

Mit WordPerfect können sie vertikale (Zeitungsspalten) und parallele (Textspalten) definieren.

- Drücken Sie MATH/SPALTEN <ALT> <F7>.

- Wählen Sie <4> Spalten def.

- Definieren Sie die gewünschten Spalten.

TRENNVORSCHLAG EIN/AUS

Mit <SHIFT><F8> ZEILENFORMAT und <5> verzweigen Sie ins Trennmenü.

- Mit <1> schalten Sie den Trennvorschlag ein, mit <2> aus.

TRENN-VORSCHLAG IGNORIEREN	Sie können den Trennvorschlag mit STORNO <F1> ignorieren.
ÜBERSCHREIBEN	WordPerfect arbeitet standardmäßig im Einfügemodus. Sie können Text jedoch nach Drücken der Taste <EINFG> überschreiben.
UHRZEIT	Sie können die aktuelle Uhrzeit in Ihre Datumsangabe übernehmen. - Drücken Sie DATUM <SHIFT><F5> und <3>. Ergänzen Sie die Ausgabe des Datums um die Uhrzeit.
UMSCHALTEN	Die Funktion UMSCHALTEN <SHIFT> <F3> bietet einen zweiten Bildschirm zum parallelen Bearbeiten eines zweiten Textes. - Drücken Sie UMSCHALTEN <SHIFT> <F3>. Txt 2 in der Statuszeile teilt Ihnen mit, daß Sie den zweiten Text bearbeiten können. Sie können nun, wie im Text 1, Dateien laden und bearbeiten. - Durch erneutes UMSCHALTEN <SHIFT> <F3> gelangen Sie wieder in Ihren ersten Text.
UNTERSTREICHEN	UNTERSTREICHEN <F8> hat zwei Funktionen: - Wenn Sie bei der Textaufnahme unterstreichen wollen, drücken Sie <F8> und geben Ihren Text ein. Schalten Sie die Funktion anschließend durch erneutes Drücken von <F8> wieder aus. - Wenn Sie bestehenden Text unterstreichen wollen, markieren Sie die entsprechende Passage mit der Blockfunktion <ALT><F4> und geben dann <F8> ein.
UNTER-STREICHUNGSART	Drücken Sie die Taste DRUCKFORMAT <STRG><F8>. Wählen Sie aus den Optionen unterhalb von Unterstreichungsart diejenige aus, die Ihnen am besten gefällt (4 Möglichkeiten). Mit <RETURN> kehren Sie in Ihren Text zurück.

VERSCHIEBEN	Mit der Tastenkombination VERSCHIEBEN <STRG><F4> können Sie Passagen, wie Satz, Absatz, Seite, Block kopieren verschieben und/oder

- Bringen Sie die Lichtmarke auf die Passage, die Sie verschieben oder kopieren wollen.
- Drücken Sie <STRG><F4>.
- Wählen Sie <1> Satz <2> Absatz oder <3> Seite aus -je nachdem, was Sie verschieben möchten.
- Mit <1> verschieben Sie, mit <2> kopieren Sie anschließend.
- Bringen Sie die Lichtmarke an die Stelle, wohin verschoben oder kopiert werden soll.
- Rufen Sie den Text mit <5> ab.

WORT LÖSCHEN	Ein Wort löschen Sie durch die Tastenkombination <STRG><RÜCKSCHRITT>.
WÖRTERBUCH	Das Korrekturprogramm von WordPerfect aktivieren Sie durch Drücken von LEXIKON <STRG><F2>. Wählen Sie aus der Menüzeile aus, was Sie gerne geprüft haben wollen.
WORTZÄHLER	Rufen Sie das LEXIKON <STRG><F2> auf, und wählen Sie dann den Wortzähler mit <6>. Gezählt werden die Worte der aktuellen Textdatei.
ZEICHEN LÖSCHEN LINKS	Taste <RÜCKSCHRITT>
ZEICHEN LÖSCHEN RECHTS	Taste <LÖSCH>
ZEICHEN- KOMBINATION	Mit der Zeichenkombination <SHIFT> <F1><3> können Sie im Ausdruck Zeichen übereinander ausdrucken.

- Schreiben Sie das erste Zeichen.
- Drücken Sie HOCH/TIEF <SHIFT> <F1><1> oder <2>.
- Wählen Sie ZEICHENKOMBINATION <3>.
- Schreiben Sie das zweite Zeichen. Auf dem Bildschirm ist nur das zweite Zeichen zu sehen, ausgedruckt werden jedoch beide.

ZEICHEN-POSITION SEITENNUMMER	Sie können die Standardpostion der Seitennummer ändern, indem Sie SEITENFORMAT <ALT>F8> drücken und mit <7> in das entsprechende Auswahlmenü verzweigen.
ZEILE HOCH/TIEF	Wenn Sie eine Zeile eine halbe Zeile höher oder tiefer ausdrucken wollen, so ist auch das möglich. - Drücken Sie HOCH/TIEF <SHIFT><F1>. - Geben Sie <4> für Hochstellung der Zeile ein oder <5> für Tiefstellung. - Schreiben Sie den Text. - Drücken Sie erneut <SHIFT><F<1> <4> oder <5> und kehren Sie damit auf die normale Zeilenhöhe zurück.
ZEILE LÖSCHEN	Die Tastenkombination <STRG><END> löscht die Zeile ab Lichtmarkenstellung bis zum Zeilenende.
ZEILEN PRO ZOLL	Standardmäßig ist WordPerfect auf einen Zeilenabstand von 6 Zeilen pro Zoll eingerichtet. Sie können über die Kombinatin DRUCKFORMAT <STRG><F8><2> diesen Wert auf 8 Zeilen pro Zoll ändern. <RETURN> bringt Sie anschließend in Ihren Text zurück.
ZEILEN-FORMAT	Im ZEILENFORMAT <SHIFT><F8> können Sie Tabulatoren, Ränder, Zeilenabstand, Trennvorschlag und Ausrichtzeichen ändern. - Drücken Sie <SHIFT><F8> und anschließend die Nummer der Spezifikation, die Sie ändern wollen. - Mit <RETURN> kommen Sie in Ihren Text zurück.
ZEILENZAHL	Über das SEITENFORMAT <ALT><F8> <4><3> können Sie die Zeilenzahl pro Seite Ihren Wünschen anpassen.

ZENTRIEREN

Wenn sie Ihren Text zwischen dem aktuellen linken und rechten Rand zentrieren wollen:

- Steuern Sie die Lichtmarke an den linken Rand und drücken ZENTRIEREN <SHIFT><F4>.

- Schreiben Sie den Text.

- Schalten Sie die Zentrierfunktion mit <SHIFT><F8> wieder aus.

Um einen Textblock zu zentrieren, markieren Sie den Text mit der Blockfunktion <ALT><F4> und der Lichtmarke. Der Text ist jetzt hell unterlegt.

- Drücken Sie ZENTRIEREN <SHIFT> <F4>, und beantworten Sie die Frage "Block zentrieren? (J/N) mit <J>.

ZENTRIEREN ZWISCHEN OBEREM UND UNTEREM BLATTRAND

Bei Titelseiten macht es sich gut, wenn die Überschrift zwischen oberem und unterem Blattrand zentriert ist. Nichts einfacher als das:

- Bringen Sie die Lichtmarke an den Seitenanfang.

- Drücken Sie SEITENFORMAT <ALT><F8> und <3>.

- Mit <RETURN> kehren Sie in den Text zurück.

WORDPERFECT - CODES

[-] (blinkend)	Position der Lichtmarke
[ ]	Geschützter Leerschritt
[-]	Bindestrich
- (blinkend)	Trennstrich
/ (blinkend)	Trennvorschlag abgelehnt
[Abs.Schutz an]	Absatzschutz am Seitenende/-anfang an
[Abs.Schutz aus]	Absatzschutz am Seitenende/-anfang aus
[Abs.Nr:Auto]	Autom. Abs.-Numerierung (Numeriermodus)
[Abs.Nr:n]	Manuelle Absatznumerierung (n=Stufen)
[Auf Zeile:n]	Auf Zeile "n" vor oder zurück
[Ausr.Zei:]	Definition Ausrichtzeichen
[BedSE:n]	Bedingtes Seitenende
[Befehl:]	Druckerbefehl
[Block]	Blockanfang
[BlockAus]	Blocksatz aus
[BlockEin]	Blocksatz ein
[Blockschutz:Aus]	Blockschutz aus
[Blockschutz:Ein]	Blockschutz ein
[Datum:n]	Datum/Uhrzeit Funktion (n=Aufbau)
[Def Rechn]	Definition der Rechenspalten
[DefAbsNr]	Definition der Absatznumerierung
[DefMark:Index,n]	Definition Index (Stichwortverzeichnis)
[DefMark:Inh,n]	Definition Inhaltsverzeichnis
[DefMark:Liste,n]	Definition Liste
[DefSpal:]	Spaltendefinition
[Durchstr][d]	Durchstreichen (Anfang/Ende)
[▶ Einr]	Beginn der Einrückung links
[▶ Einr ◀]	Beginn der Einrückung links/rechts
[EinrEnd]	Ende Einrücken oder Einrücken
[EndDef]	Ende Index, Liste oder Inhaltsverzeichnis
[EndMark:Inh,n]	Ende Textmarkierung für Inhaltsverzeichnis (n=Stufennummer)
[EndMark:Liste,n]	Ende Textmarkierung für Liste "n"

[E-Tabs:n,n]	Erweiterte Tabs; (Start "n", alle "n" Zeichen)
[F][f]	Fett (Anfang/Ende)
[FNS]	Feste neue Seite (=manueller Seitenumbruch)
[FNZ]	Feste neue Zeile (=manuelle Zeilenschaltung)
[Fußn.Zusatz]	Zusätze Fußnote/Endnote
[Fußn:Endn.n;[F/↓ E-NoteNr]text]	Endnote (n=Nummer der Endnote)
[Fußn:Fußn.n;[F/↓ E-NoteNr]Text]	Fußnote (n=Nummer der Fußnote)
[FußnNr:n]	Neue Fußnoten-Nummer
[Hoch]	Hochstellung eines Zeichens
[Index:TitelA;↓ TitelB]	Kopfzeilen für Index festlegen
[Kopf/Fußz:↓ n,n;text]	Definition Kopf-/Fußzeile (Typ, wo, was?)
[KorrKenn][k]	Korrekturkennung (Anfang/Ende)
[Mark;Inh,n]	Beginn Textmarkierung für Inhaltsverzeichnis (n=Stufennummer)
[Mark:Liste,n]	Beginn Textmarkierung für Liste "n"
[NS]	Neue Seite (=Seitenumbruch vom System)
[NZ]	Neue Zeile (=Zeilenumbruch vom System)
[Ob.Blrd:n]	Oberer Blattrand (n=Halbzeilen)
[Pos SNr:n]	Position der Seitennumerierung
[R][r]	Ausrichten oder Rechtsbündig (Anfang/Ende)
[RdEinst:n,n]	Neuer linker und rechter Rand
[◄ RdLös:n]	Linken Rand ausrücken (=Randlöser)
[Rechn Aus]	Rechnen aus
[Rechn Ein]	Rechnen ein
! (blinkend)	Ausgabe des Rechenergebnisses
t (blinkend)	Ausgabe der Zwischensumme
+ (blinkend)	Errechnen der Zwischensumme
T (blinkend)	Ausgabe der Summe
= (blinkend)	Errechnen der Summe
* (blinkend)	Errechnen der Gesamtsumme
[Rzone:n,n]	Definition neue Randzone (links, rechts)

[SchachtNr:n]	Schacht-Nummer	Einzelblatteinzug
	und/oder Schrift	
[Schrift:n,n]	Schriftwechsel; Änderung von Schrittschaltung und/oder Schrift	
[Seite zentr]	Zentrieren zw. oberem und unterem Blattrand	
[SeitLg:n,n]	Seitenlänge (Blattlänge, Zeilenzahl]	
[SNR]	Neue Seitennummer	
[SpalAus]	Textspalten Ende	
[SpalEin]	Textspalten Anfang	
[TAB]	Tabsprung zur nächsten Tab-Position	
[TabEinst:]	Setzen neuer Tabulatoren	
[Tief]	Tiefstellung eines Zeichens	
[Trenn Aus]	Trennvorschlag aus	
[Trenn Ein]	Trennvorschlag ein	
[Unterdr:n]	Eine oder mehrere Angaben des Seitenformats für aktuelle Seite unterdrücken	
[Unterstr.Art:n]	Änderung der Unterstreichungsart	
[U][u]	Unterstreichen (Anfang/Ende)	
[ZA:n]	Änderung des Zeilenabstandes	
[ZeichKomb]	Zeichenkombination	
[Zeile ▲]	Halbzeile hoch	
[Zeile −]	Halbzeile tief	
[Zl/pZ.n]	Gedruckte Zeilen pro Zoll	
[ZPos SNr:n,n,n]	Zeichenposition Seitennummer (links Mitte, rechts)	
[Z][z]	Zentrieren (Anfang/Ende)	

SACHWORTVERZEICHNIS

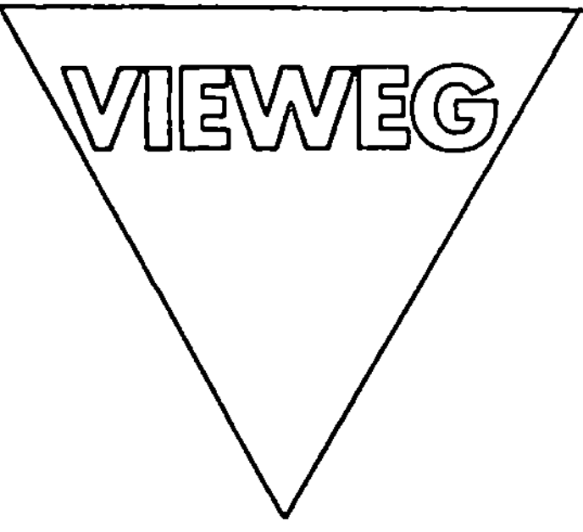

WordPerfect griffbereit

von Angelika Schätzel

1988. Ca. 75 Seiten. 10,7 x 27,8 cm. Kartoniert

Das Buch enthält kurze und prägnante Befehlsbeschreibungen für alle Word-Perfect-Befehle in übersichtlicher Darstellung und alphabetischer Reihenfolge. In jedem Eintrag wird ausführlich der Befehl beschrieben; eine Beispielanwendung zeigt die Einsatzmöglichkeiten. Das Buch ist für jeden mit WordPerfect schon geübten Anwender geeignet, der schnelle und präzise Auskunft benötigt. Es ist eine nützliche und zuverlässige Arbeitshilfe für den fortgeschrittenen Benutzer.

Zur Reihe „griffbereit":
Die Bücher der Reihe „griffbereit" geben prägnante Beschreibungen der jeweiligen Befehle in alphabetischer Reihenfolge. Zusammen mit einem Schlüsselverzeichnis, das dem Benutzer den Weg vom konkreten Problem zum entsprechenden Befehl weist, stellt jeder Band eine sinnvolle Programmierhilfe dar.

Bereits erschienen sind in der Reihe „griffbereit":

- MS-DOS
- dBASE III PLUS
- Microsoft Word
- Microsoft Multiplan
- Turbo Pascal 4.0
- Lotus 1 – 2 – 3 Bedienung
- Lotus 1 – 2 – 3 Makroprogrammierung
- OS/2
- Framework III Programmierung
- Word 4.0 für den fortgeschrittenen Benutzer
- HyperCard

In Vorbereitung sind:
- Festplattenorganisation

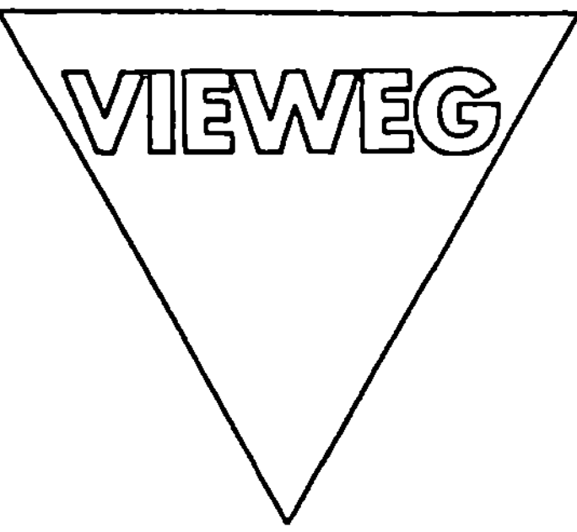

Van Wolverton
MS DOS

Das optimale Benutzerhandbuch von Microsoft für das Standardbetriebssystem des IBM PC und mehr als 50 andere Personal-Computer für alle MS-DOS-Versionen bis 4.0. (Running MS-DOS, dt.) Aus dem Amerik. übers. von Gerald Pommranz. Ein Microsoft Press/Vieweg-Buch. 3., überarb. und erw. Aufl. 1989. XX, 580 S. 18,5 x 23,5 cm. Kart.
Nunmehr liegt die 3., überarbeitete und erweiterte Auflage des erfolgreichen Benutzerhandbuches zum Betriebssystem MS-DOS von Microsoft Press vor. Die Presse schreibt zur 1. Auflage des Buches:

„Die ausführliche Beschreibung aller Problembereiche und der dazugehörigen Befehle, zahlreiche Anregungen und viele Beispiele machen auch die deutsche Ausgabe des hervorragend ausgestatteten Buchs zu einem Lesevergnügen, wie es nicht allzuoft im Mikrocomputerbereich zu finden ist."
(micro)

„Der Unterschied dieses Buches zu den mit den Systemen mitgelieferten Handbüchern? Keine Befehlsauflistung, sondern ein strukturierter Aufbau mit didaktischem Flair. Kein Buch zum Lesen – ein Buch zum Anwenden!"
(Faszination)

Aufbaukurs MS-DOS

Das Microsoft-Handbuch zum professionellen Programmieren für den fortgeschrittenen Anwender. (Supercharging MS-DOS, dt.) Aus dem Amerik. übers. und bearb. von G. Pommranz. Ein Microsoft Press / Vieweg-Buch. 1988. XIV, 369 S. 18,5 x 23,5 cm. Kart.
Nach den beiden Erfolgsbüchern zu MS-DOS (MS-DOS, MS-DOS griffbereit) hat V. Wolverton nun ein Buch geschrieben, das dem fortgeschrittenen DOS-Benutzer eine umfangreiche Tool-Bibliothek mit Routinen liefert, die zu einer optimalen Anwendungsumgebung zusammengefügt werden können. Die Programme sind unverzichtbare Hilfsmittel für eine effiziente Arbeit unter MS-DOS. Das Buch „MS-DOS Aufbaukurs" ist die Fortsetzung des Erfolgstitels „MS-DOS" von V. Wolverton.

Die Software zum Buch:
5 1/4"-Diskette für IBM PC und Kompatible unter MS-DOS.

MS-DOS griffbereit

(Quick Reference Guide to MS-DOS Commands, dt.) Aus dem Amerik. übers. von Andreas Dripke und Angelika Schätzel. Ein Microsoft Press/Vieweg-Buch. 2., verb. und erw. Aufl. 1987. X, 44 S. 10,8 x 27,8 cm. Kart.
Für alle Versionen 2.0 bis 3.2 des Betriebssystems MS-DOS wird ein alphabetisches Nachschlagewerk in Kurzform vorgelegt. Jeder Eintrag umfaßt die vollständige Form des Befehls, eine Beschreibung mit Erläuterungen zu den Parameterangaben und schließt mit einer Beispielanwendung ab. Diese jederzeit griffbereite Kurzübersicht über alle wichtigen MS-DOS Befehle ist ein unverzichtbarer Begleiter für jeden PC-Benutzer.